바다에
물든 태양

바다에 물든 태양

박일천 수필집

수필과비평사

|책|을|펴|내|며|

눈이 시리도록 푸른 하늘은 멀어지고 깊어갑니다. 서늘한 바람에 가을빛으로 물들어 가는 뜨락을 보며 지나온 시간을 돌아봅니다. 뜨거운 햇빛은 열정으로 타올라 짙푸른 녹음이 되고, 열매를 맺기까지 봄과 여름이라는 긴 시간이 흘렀습니다. 앞만 보고 가느라 분주하고 고단했던 날들을 저만치 떨어져서 바라봅니다.

이 가을엔 살아온 날을 들여다보며 사색에 잠겨 봅니다. 생의 어느 순간을 떠올리다 보면 그 매듭과 향기가 전해져 옵니다. 지난날은 우리의 소중한 보물이며 추억은 생을 아늑하고 포근하게 감싸주는 듯합니다. 잊고 싶지 않은 아름다운 순간을 흔적으로 남기고 싶었습니다. 아무리 이야기를 잘한다 해도 말은 허공 속으로 사라지고 말지만, 글은 마음을 수놓은 영혼의 지문으로 남을 것입니다. 이제 내 안에 쌓여가는 추억을 글로 써서 인생의 가을을 곱게 물들이고 싶습니다.

이야기를 좋아해서인지 책은 나의 친구였습니다. 세상이 나를 서글프게 할 때도 책에서 길을 찾았습니다. 이제는 책 속으로 들어가 수필을 써보려 하니 생각보다 멀고 힘든 길이었습니다. 단순하면 용감한가

봅니다. 한 번도 가본 적 없는 글밭으로 서슴없이 들어서서 돌을 고르고 잡초를 뽑으며 나무를 심었습니다. 내 마음 밭에 가꾸어 놓은 나무들이 아직은 어려 숲은 보이지 않습니다. 그곳에서 열매를 따려 하니 숙성되지 않은 것들로 가득합니다. 아직은 설익어 풋내가 나지만 싱그러운 향기로 다가가고 싶습니다. 제 글을 읽고 잠시나마 미소 짓고 공감하여 준다면 다행이겠습니다.

오늘이 있기까지 따뜻한 눈길로 저를 지켜봐 주고 응원해준 남편과 가족에게 사랑의 마음을 전합니다. 세심하게 지도해 주신 김학 교수님과 격려해 준 수필반 글벗님들께도 무한한 고마움을 전하고 싶습니다. 책을 내기까지 도와주신 모든 분들께 뜨거운 감사드립니다.

2013. 가을에

박일천

1. 어머니의 정원

2. 바다에 물든 태양

3. 자유의 날개

4. 물푸레나무 아래서

5. 눈물 젖은 관음송

6. 마음을 여는 웃음

1부

〈이과수 폭포〉 세상에는 절벽과 폭포, 푸른 하늘만이 존재할 뿐이었다.

그곳에 가고 싶다

아이들의 웃음꽃을 집 안 가득 심어 놓고 살던 그곳. 뒷산에 뻐꾸기 울고 집 앞에 맑은 냇물이 흐르는 배골 마을. 삶의 순간순간, 자연과 하나 되어 순박하게 지냈던 산마을이 문득 떠오르면 가슴이 따뜻해진다.

그곳에 가고 싶다

골짜기 물이 흐르는 바위 옆에 자리를 폈다. 시간이 나면 자주 찾는 계곡 길이다. 푸릇한 나뭇잎과 맑은 물을 보고 있으면 마음마저 맑아진다. 졸졸 흐르는 물소리에서 재잘거리는 아이들 소리가 들려온다. 문득 무주에서도 깊은 산속 외딴집에서 지냈던 일이 무지개처럼 떠오른다.

그곳 배골 마을은 하루에 버스가 두 번 왕래하는 두메산골이다. 굳이 문명의 혜택을 들라면 이동분교가 전부다. 사방이 산으로 둘러싸여 일찍 해가 지는 곳이다. 새들도 졸고 가는 외딴집에 생기를 불어넣어주는 요정들은, 대여섯 살배기 아들딸이었다. 봄이 되어 산기슭에 진달래가 피면 온 가속이 쉼밥을 싸들고 뒷산으로 갔다.

애들은 산 아래서 소꿉놀이를 하고 그이와 나는 산허리를 돌며 취나물, 고사리를 꺾었다. 인적이 드문 산속이라 한나절만 꺾어도 나물이 소쿠리에 수북했다. 아이들이 걱정되어 산기슭으로 내려오면 애들은 오순도순 소꿉놀이에 빠져 있었다. 꿀맛 같은 김밥을 먹고 있노라면, 다람쥐도 먹고 싶은 듯 바위를 오르내리며 입을 오물거렸다. 내려오는 길가에 찔레꽃이 눈에 띄면 연하고 오동통한 순을 꺾어 껍질을 벗겨 먹었다. 갈증이 날 때 먹으면 상큼한 맛이 그만이었다. 골짜기 개울가를 따라 걷다 돌을 들추면 일급수에만 산다는 가재가 보였다.

"아빠, 가재 잡아줘."

하는 아들 말에 시골에서 자란 남편은 개구리를 잡아서 가느다란 나뭇가지에 꿰어 개울물에 담갔다가 잠시 후에 끌어당기면 가재가 매달려 나왔다. 줄줄이 나오는 가재를 보고 아이들은 손뼉을 치며 좋아했다. 마을 어귀에 다다르면 너럭바위 옆에서 돌나물이 연두색 너울을 쓰고 손짓했다. 덤으로 돌나물도 뜯어 배낭에 넣었다. 찬거리가 자꾸 생기니 발걸음도 가벼웠다. 집으로 돌아와 연탄불에 가재를 구우면 갈색이 서서히 주홍색으로 변했다. 아이들은 신기해하며 고소한 맛에 이끌려 맛있게 먹었다. 애들의 간식거리로는 그만이었다. 저녁 밥상에 고사리 된장찌개에 취나물, 돌나물로 자연을 그대로 담아내면 천하일미가 부럽지 않았다. 달콤한 노곤함이 밀려와서 잠자리에 누워 아이들에게 '호랑이와 곶감' 이야기를 들려주노라면 어디선가 소쩍새 구슬피 우는 소리가 들려왔다.

여름이 되면 아이들이 제일 좋아했다. 집 앞 시냇물에서 헤엄치며 실컷 놀 수 있기 때문이다. 냇물에는 커다란 바위가 있는데 물길이 그곳을 돌아가다 파놓은 깊은 웅덩이가 있었다. 그 자연 풀장에서 아이들은 개헤엄을 치며 놀다가, 추워지면 뜨뜻한 바위에 엎드려 몸을 말렸다. 햇볕에 그을려 깜둥이가 되어도 아랑곳하지 않고 지칠 때까지 놀았다.

우리가 살던 마을에서 냇물을 따라 내려가면 용포리라는 금강 상류가 나온다. 그곳은 냇물이 합쳐져 강물처럼 넓었다. 우리는 조그만 오토바이에 꼭 붙어 앉아 용포리에 갔다. 해가 뉘엿뉘엿 기울 무렵이면 다슬기가 까맣게 돌 위로 올라왔다. 그 틈을 타서 손으로 긁으면 다슬기는 한두 시간 만에 소쿠리에 그득 찼다. 그 바구니처럼 넉넉한 마음을 안고 노을빛을 보며 집으로 돌아왔다. 싱싱한 다슬기를 된장을 풀어 삶아서 바늘로 까먹으면, 부드럽고 쫄깃하면서 얼마나 감칠맛이 나던지 입안에서 사르르 녹았다.

무더운 여름밤엔 시원한 바람을 맞으며 냇가를 걸었다. 우리가 노래 부르면 반딧불이도 신이 나서 푸르스름한 빛을 깜박이며 춤췄다. 산 능선까지 내려온 별들은 먼 하늘 이야기를 반짝거리며 들려주었다.

서늘한 바람이 부는 가을이 되면 산골짜기를 헤매며 넝쿨에 매달린 달콤한 다래도 따 먹었다. 으름은 따서 하얀 속을 입에 넣으면 단맛과 함께 입안에 씨가 가득했다. 관사 앞마당엔 코스모스가 하늘거리고 텅 빈 분교 운동장에서 우리 애들은 그네를 탔다. 저녁밥을 지어 아들딸을 부르면 귀여운 내 아이들은 운동장을 가로지르며 "엄마, 가고 있어요." 중계방송까지 하며 신 나게 내달아왔다. 텃밭에 가꾼 배추로 겉절이를 하여 차린 소박한 밥상엔 가을 홍시처럼 행복이 익어 갔다.

흰 눈이 수북이 쌓이는 겨울엔 첩첩산중이라는 말이 실감 나게 옆집 할아버지는 망태를 메고 산토끼를 잡으러 뒷산으로 갔다. 바람이 느티나무 우듬지 까치집을 흔들며 지나가던 어느 날

"엄마, 고기 잡아 왔어요."

문밖에서 아들이 자랑스럽게 외치는 소리에 부엌문을 여는 순간 새끼줄에 매달린 것을 보고 소스라치게 놀랐다.

"이게 뭐야. 엄마야!"

깜짝 놀라 외치는 내 소리에 분교 방호원 아저씨가 헐레벌떡 뛰어왔다.

"하이고, 깨구락지구만요. 이게 얼매나 몸에 존디요."

하며 횡재했다는 표정으로 개구리 꾸러미를 아저씨가 가져가면서 그날 소동은 끝났다. 아들은 깜냥에 형들이 잡아주는 개구리를 엄마에게 주면 좋아할 줄 알고 가져왔으리라.

눈이 펑펑 내려서 세상이 하얀 눈으로 덮여 버스마저 며칠째 끊긴 어느 날, 바스락거리는 소리에 놀라 장롱 구석을 뒤지니 두 눈이

새까만 족제비가 웅크리고 있었다. 온 식구가 깜짝 놀라서 이리 뛰고 저리 뛰며 난리 법석을 치른 뒤 겨우 몰아냈다. 아마도 산속에서 먹이를 찾아 마을로 내려왔나 보다.

우리는 그렇게 동식물과 벗 삼아 삼 년 동안 아름다운 산골에서 동화처럼 살았다. 아이들의 웃음꽃을 집 안 가득 심어 놓고 살던 그곳. 뒷산에 뻐꾸기 울고 집 앞에 맑은 냇물이 흐르는 배골 마을. 삶의 순간순간, 자연과 하나 되어 순박하게 지냈던 산마을이 문득 떠오르면 가슴이 따뜻해진다. 우리 가족에게 세속을 떠나 티 없이 해맑은 추억을 안겨준 그곳에 가고 싶다.

(2012. 8.)

달빛 소나타

풍경이 아름다운 소매물도에 갔다. 수려한 산을 배경으로 나무로 지은 예쁜 펜션이 우리를 기다리고 있었다. 털이 복슬복슬한 하얀 은비가 우리를 반기며 꼬리를 흔들었다. 숙소 주인은 푸른 바다가 보이는 전망 좋은 방으로 우리를 안내했다. 몇 해 전부터 지인들과 다니는 여행은 편안함과 즐거움이 있기에 해가 갈수록 기다려진다.

통영에서 배를 타고 소매물도 가까이 다다르자 높다랗게 출렁이는 파도에 모두 뱃멀미를 하였다. 배에서 내린 우리의 모습은 서리 맞은 배추 같았다. 모두가 뱃멀미를 한 걸 보면 파도가 엄청나게 심했나 보다. 우리는 숙소로 들어가 그대로 쓰러져버렸다. 한참 후에야 정신을 차리고 밖으로 나갔다. 남매바위가 있다는 해안 길을 따라 걸었다. 섬은 사방이 기암절벽으로 수려한 풍경을 뽐내었다. 굽이진 바닷가를 돌아드니 눈앞에 바위섬이 나타났다. 다도해답게 섬들이 수시로 나타나 소매물도의 비경을 더욱 돋보이게 했다. 길가에 꽃잎이 떨어져 있었다. 이 겨울에 꽃잎이라니. 고개를 들어보니 동백나무였다. 꽃잎 속에 노란 수술을 수줍은 듯 내밀고 빨갛게 피어난 동백꽃. 추운 겨울을 이기고 생명을 피워낸 꽃이 갸륵했다.

저녁 식사 후 다른 사람들은 방으로 들어갔지만 바다가 부르는 것 같아 친구와 둘이서 펜션에서 나와 바닷가를 천천히 거닐었다. 낭떠러지 아래로 부서지는 파도가 더욱 하얗게 출렁거렸다. 해가 지고 여명마저 사라진 바다가 은가루를 뿌려 놓은 듯 환했다. 해 질 녘 동쪽에 희끄무레 보이던 달이 어느덧 두둥실 떠올랐다. 보름이 가까운지 둥근달이 황금빛으로 주위를 환하게 밝혔다. 달빛에 가려 보이지 않던 별들이 하나둘 시야에 나타났다. 오랜만에 하늘의 별들을 하릴없이 세어보았다. 처음에는 보이지 않던 별들이 어디서 나타났는지 수없이 깜빡이며 밤하늘을 보석처럼 수놓았다. 구름 한 점 없는 하늘가에 별들이 노래하는 밤. 윤동주 시인의 〈별 헤는 밤〉이 생각났다. '별 하나에 추억과 별 하나에 사랑과 별 하나에 쓸쓸함과…….'

가로등도 없는 벼랑길인데 보름달을 소나무에 걸쳐 놓으니 휘황하여 호젓한 산길이 조금도 무섭지 않았다. 도시의 불빛이 사라진 섬은 태고의 고요가 머물렀다. 친구와 도란도란 이야기하는 길 위로 달빛이 부서졌다. 바다는 달빛을 온몸에 걸치고 금빛으로 반짝거렸다. 어디선가 베토벤의 〈월광곡〉이 울려 퍼지는 듯하였다. 언뜻 바다 쪽을 바라보니 하얀 물줄기가 소나무 숲 위로 날아왔다. 오후부터 거세진 파도가 절벽에 부서지며 벼랑 위까지 물보라를 흩날리고 있는 것이었다. 물줄기는 일정한 간격을 두고 하늘을 날았다. 〈월광곡〉이 절정을 향해 연주하는지 물보라가 솟구치며 허공 위에 하얀 지휘봉을 힘차게 휘둘렀다. 출렁이는 바닷물 위로 달빛소나타가 은은하게 흐르고, 희뿌연 오솔길에는 기다란 그림자 두 개가 느릿느릿 가고 있었다.

달빛엔 무언가 그리움이 묻어난다. 그리고 왠지 기원하고 싶은 간절한 마음이 든다. 한글로 전하는 시가 중 가장 오래된 백제 가요인 〈정읍사〉는 남편의 밤길을 염려하는 아내의 애달픔을 노래하고 있다.

'달하 노피곰 도다샤 / 어긔야 머리곰 비취오시라 / 어긔야 어강됴리 아으다롱디리'
이렇게 시작되는 〈정읍사〉 시가를 풀면 이렇다.

> '달님이시어 높이 돋우시어 멀리멀리 비추어주세요 / 시장에 가 계신가요 / 진 데를 디딜까 두렵습니다. / 짐을 어느 곳에나 놓으십시오 / 당신이 오시는 길이 저물까 두렵습니다.'

그 옛날 한 여인이 달을 보며 행상하는 남편이 무사히 오길 바라는 마음을 담아 읊은 서정시가 〈정읍사〉이다. 이백 년 전에 베토벤은 눈먼 소녀가 달빛 드는 창가에서 피아노를 치는 것을 보고 〈월광곡〉을 작곡했다고 한다. 이렇듯 달은 시공을 초월하여 사람들의 심금을 울리는 마력을 지닌 존재인 듯하다. 달빛엔 애잔함이 묻어나기에 아름다운 노래가 흘러나오는지도 모른다. 달빛에 취해 은빛으로 넘실대는 바다를 하염없이 바라보니, 나도 어느덧 시인이 되어 두 손 모아 달을 찬미하고 있었다.

다음 날 등대섬을 향해 갔다. 한참을 걸어 고개를 넘으니 저 멀리 목책을 두른 해안가가 보였다. 바닷가로 기암괴석이 겹겹이 각양각색으로 우뚝 솟아 있었다. 등대섬을 보려고 비탈진 층계를 내려갔다. 바닷물은 물의 깊이에 따라 비취색, 갈색, 청록색으로 출렁이고 있었다. 어젯밤에는 달빛 속에서 은비늘을 퍼덕이던 바다가 또, 다른 색깔로 수채화를 그리고 있었다. 가까이서 등대섬을 보니 산 정상에 등대가 보이고 완만하여 오르기가 쉬울 듯하였다. 썰물 때가 아니라 바닷길이 열리지 않아, 등대섬 가는 일은 포기하고 아쉽지만 발길을 돌렸다.

기암절벽과 여기저기 바위섬이 아름다운 소매물도. 지난밤 바다 위를 흐르던 월광. 바닷물이 달빛에 반사되어 일렁이던 은빛 물결은 가슴속에 환상적인 달빛소나타로 오래도록 기억되리라.

(2012. 1.)

초원의 요정

밤 비행기를 타고 몽골 징기즈칸 공항에 도착하자 시동생이 손을 흔들며 나타났다. 시동생은 몽골의 수도 울란바토르대사관에 영사로 근무하는데 여행을 좋아하는 부모님과 우리 내외를 초청하였다. 남편을 만나려고 같이 온 얌전한 동서를 보며 나는 장난기가 발동하여

“서방님, 보고 싶은 아내를 만났는데 드라마처럼 멋지게 안아 봐요.”

공항출구라서 사람들로 북적이는데도 시동생은 기다렸다는 듯이, 순식간에 동서를 번쩍 안아 올려서 모두를 자지러지게 웃게 하였다.

우리의 여행은 그렇게 시작되었다. 여행 첫날 울란바토르 시내에 있는 '간단사'라는 절을 둘러보았다. 사람들이 빙 돌아가며 여러 개의 둥근 통을 돌리며 소원을 얘기하는 모습이 신기했다. 우리도 통을 굴리며 소원을 빌었다. 이동하는 차 속에서 문득 시아버님께서 "몽골하면 고비사막인데 여기까지 와서 사막은 보고 가야지?" 하셨다. 우리는 미지의 세상에 가고 싶은 마음이 일치하여 예정에도 없는 사막에 가기로 하였다. 가이드는 작은 고비사막까지는 4시간 정도 걸리고 길도 안 좋다고 하였다. 하지만 모두가 사막에 대한 환상을 안고 출발하였다.

차창 밖으로 푸른 초원이 끝없이 펼쳐지고 있었다. 소들이 길을 막는가 하면 저 멀리 능선에서 양 떼가 우르르 내려오기도 하였다. 몽골 초원은 말뚝 하나 없이 자연 그대로의 들판에서 양들이 몰려다니며 풀을 뜯고 있었다. 이곳 산들은 나무는 거의 없고 풀밭이었다. 징기즈칸의 나라답게 곳곳에 말들이 뛰어다니며 한가로이 풀을 뜯기도 했다. 목동들은 드넓은 초원에서 말을 타고 양들을 몰았다. 푸른 들판에서 양들이 노니는 모습을 보니 마음마저 평온해졌다. 산으로 둘러싸인 우리나라의 풍경과는 다르게 가도 가도 끝없는 초원을 바라보니 가슴이 탁 트였다.

푸른 초원에 환호하다 보니 어느덧 목적지인 작은 고비사막인 엘승타슬하에 도착했다. 사막 입구에서 우리를 기다렸다는 듯 낙타들이 무릎을 꿇고 인사를 하였다. 눈망울이 선한 낙타는 손으로 쓰다듬어도 순한 양처럼 가만히 있었다. 사막과 어울리는 낙타를 타고 우리는 모래벌판을 한 바퀴 돌았다. 거친 모래바람 속에서 당당히 걸어가는 사막의 신사. 손을 흔들며 낙타와 헤어져 모래언덕에 올랐다. 사방이 모래 구릉이었다. 사막 한가운데 홀로 남겨진 기분이었다. 파도처럼 물결무늬를 새겨 놓고 사라진 바람. 나는 바람의 흔적을 온몸으로 느끼고 싶었다. 신발을 벗고 모래땅을 밟으니 솜털 위를 거니는 것처럼 포근하였다.

다음 날은 징기즈칸 마을을 향해 떠났다. 어제 밤늦게 사막에서 왔으니 피곤할 듯도 하건만, 새로운 풍경에 대한 기대 때문인지 모두 활기찬 모습이었다. 큰길에서 벗어나 오솔길을 구불구불 갔다. 어떤 곳은 길인지 풀밭인지 구분이 안 됐다. 우리가 탄 현대 스타렉스 차는 몽골에 딱 어울렸다. 길이 패였으면 그냥 초원을 거침없이 달리면 그만이었다. 차창 밖으로 풍겨오는 향기에 반해 차를 멈췄다. 풀밭 속을 가만히 들여다보니 땅바닥에는 납작 엎드린 작은 꽃들이 무수히 피어 있었다. 내 손톱보다도 작은 꽃들이 다섯 개의 꽃잎과 수술까지 다 갖추고 앙증맞게 있었다. 하양, 분홍, 파랑, 노랑 색색의 꽃들이 아롱다롱 웃으며 손짓했다. 자세히 보니 들꽃들은 대부분 허브 종류로 꽃향기가 들판에 가득했다. 꽃을 좋아하는 어머니와 나, 동서는 이꽃 저꽃을 찾아다니며 마냥 신이 났다. 저절로 꽃 타령이 나왔다.

"꽃 사시오. 꽃을 사시오. 꽃을 사. 사랑. 사랑 사랑의 꽃이로구나.”

노래에 화답하듯 들판에 흐드러지게 핀 야생화에서 아련한 꽃바람이 일었다. 몽골의 겨울은 육 개월 이상 영하 30도 정도로 지독하게 춥다고 한다. 지난해에도 방목한 소나 양들이 칠백만 마리나 강추위에 얼어 죽었다고 했다. 그 혹독한 겨울에도 생명의 꽃씨는 죽지 않고 봄을 맞아 야무지게 살아났다. 땅바닥을 기어서라도 이토록 어여쁜 꽃을 피워낸 작고 가녀린 들꽃이 너무도 애틋하고 사랑스러웠다.

“작은 꽃들아, 너희는 초원의 요정들이야!”

하고 속삭였다. 아쉽지만 초원의 요정들을 뒤로하고 13세기 마을로 접어들었다. 유목민들이 이동하며 사는 ‘게르’라고 하는 천막집에 징기즈칸이 살던 시대를 재현해 놓은 마을이다. 드넓은 초원에 군데군데 펼쳐진 하얀 게르에는 몽골족의 생활을 옛날식으로 꾸며 놓았다. 왕의 게르에 들어가 보았다. 말갈기를 휘날리며 세상을 휩쓸었던 징기즈칸은 간데없고 왕의 의자만이 지나간 영화를 쓸쓸히 전해 주고 있었다.

왕의 식사로 점심을 먹은 뒤, 테를지 국립공원으로 갔다. 이제까지 본 초원과는 달리 국립공원은 나무가 제법 울창하였다. 울란바토르의 유일한 강인 톨강이 흐르기 때문에 물이 풍부하여 나무들이 잘 자란다고 하였다. 톨강 근처 천막집 ‘게르’에서 유목민의 생활을 체험하려고 하룻밤을 묵었다. 빙인에서 게르를 살펴보니 대나무로 살을 대고 그 속에 양털을 넣고 바깥쪽은 하얀 광목으로 통풍이 잘되게 둘러쌌다. 일교차가 큰 관계로 유월 말인데도 우리나라 이른 봄처럼 밤 기온이 써늘했다. 시동생이 밤늦게 일을 마치고 들어오자 우리는 몽골의 별을 보려고 초원으로 나갔다. 검푸른 하늘에서 별빛이 쏟아져 내렸다. 별들이 손에 잡힐 듯 가까웠다. 북두칠성을 찾아보니 지평선 가까이에서 주먹만 한 별들이 영롱하게 반짝거렸다. 하늘 문을 열어 별을 쏟아부었는지, 수많은 별이 깜박거리리며 먼 하늘 이야기를 들려주고 있었다.

푸르스름한 별빛을 바라보며 한국행 비행기에 올랐다. 밀려오는 피로에 눈이 스르르 감겼다. 눈앞에 분홍 다발 꽃이 보이는가 싶더니 파란 별꽃도 아롱거렸다. 혹독한 추위를 이겨내고 꽃을 피워낸 귀여운 몽골 초원의 요정들이었다.

아름다운 야생화가 오래도록 초원에 남아 그윽한 향을 멀리멀리 퍼뜨려 세상을 고운 향기로 가득 채우기를 바란다.

(2011. 7.)

아직은 쓸 만해요

밤 열 시가 넘어 잠잘 준비를 하고 책을 읽고 있는데 전화벨 소리가 요란하게 울렸다. 밤중에 무슨 전화일까. 궁금한 마음으로 수화기를 들었다. 친구 남편이었다. 이따금 부부끼리도 만나는 터라 잘 아는 사이지만 이 시간에 웬일일까? 다소 긴장한 목소리였다.

"집사람 혹시 만났나요? 연락도 없이 이 시간까지 안 들어와서요?"

"아, 그래요. 곧 들어오겠지요."

"이렇게 늦게 오는 사람이 아닌데요. 전화도 안 받아요. 세상에는 이상한 일도 많아서요."

평소 쾌활한 사람이 심각하게 말하니 웃음으로 걱정을 덜어 주고 싶었다.

"걱정 마세요. 누가 납치했을까 봐 그래요? 우리 나이는 돈하고 사람을 묶어 놓으면 돈만 갖고 간다고 하니 염려 마세요."

다른 때 같으면 껄껄 웃어넘겼을 성격이나 걱정이 되는지 진지했다.

"아직은 쓸 만해요. 그 사람. 다른 데 알아보고 어쨌든 다시 전화할게요."

전화를 끊었다. 내 깜냥에 위로라고 한 말이지만 마음이 불안한 사람한테는 별 도움이 되지 못한 듯했다. 아무 일 없으려니 하면서도 전화기 쪽으로 자꾸 눈이 갔다. '아직은 쓸 만해요.' 소리가 귓가를 맴돌았다.

50대 끝자락 나이면, 아이들 교육도 끝나고 일부는 출가까지 했으니 살아온 날보다 살 날이 적은 때로서 정상에서 내려가는 시기다. 직장생활을 할지라도 젊은 날 동분서주하며 신바람 나게 일하던 활력은 전설 속으로 사라지고, 젊은 세대에 밀려 뒷전을 맴돌며 자리 지키기에 연연할 나이다. 부부지간에도 그저 스스럼없이 편한 친구 같은 사이다. 사랑스런 눈길로 바라보는 애틋함은 먼 옛날 추억 속의 그림일지도 모른다. 신체적으로도 성인병에 노출되어 건강도 챙겨야 할 때다. 그런데도 친구의 남편은 '아직은 쓸 만해요.'라고 진지하게 말하는 걸 보니, 내 친구는 꼭 있어야 할 소중한 아내인 것 같아 입가에 슬며시 미소가 흘렀다. 11시가 넘어 전화벨

이 다시 울렸다. 기다리던 참이라 재빨리 수화기를 들었다.

"집사람이 들어왔어요. 모임에서 이야기하다 시간 가는 줄 몰랐다고 하네요. 전화기는 전원이 나갔고요. 나이가 들면 여자는 간이 커지고 남자는 쪼그라드나 봐요. 집사람은 태연하고, 나만 애태웠네요. 하하."

평소처럼 호탕하게 웃는 친구 남편 목소리에 행복이 묻어난다. 모처럼 현모양처인 친구가 밤늦게 귀가했다고 전주시가 발칵 뒤집힐 정도로 이집저집 전화통에 불이 난 김 여사 실종사건은 이렇게 해피엔딩으로 끝났다. 누구나 곁에 있는 사람은 공기처럼 소중한 줄 모른다. 잠깐이나마 행방이 묘연하여 애태우다 보니 아내가 얼마나 필요한 사람인가 새삼 느꼈나 보다.

나도 아직은 쓸 만한가? 문득 어느 여름날 시누이 내외가 다니러 왔던 일이 떠오른다. 밤이 되어도 날씨가 더워 공원으로 산책하러 나갔다. 시누이는 나와 나이도 비슷하고 명랑하여 만나면 대화가 잘 통한다. 그날도 밀린 이야기로 웃음을 나누며 함께 돌아오던 중, 시누이가 불현듯 공원에 잠바를 놓고 왔다고 하였다. 되짚어가서 옷을 가지고 한참 후에 돌아오니 두 남자의 반응이 묘하게 엇갈렸다. 시누이 남편은 걱정이 되었는지 왜 이렇게 늦게 오느냐고 무뚝뚝하게 말했고, 우리 남편은 집 앞 골목길에서 서성거리다 깜짝 반기며

"갑자기 어디로 사라졌어? 누가 납치한 줄 알고 얼마나 놀랐다

고. 황금 오리가 없어져서 한참을 찾았네. 하하."

여기서 황금 오리란 살림도 잘하고 자녀 교육도 잘하며 돈도 잘 버는 아내를 오리에 비유한 유머다. 두 사람의 반응이 정반대라 시누이와 나는 마주 보며 한참을 웃었다.

"언니는 황금 오리라 없어질까 봐 오빠가 안절부절못하고 기다리고 있었고만. 집오리는 대우도 못 받고 서러워서 살 수가 있나?"

시누이가 짐짓 시샘하는 목소리로 하는 농담에 모두 집안이 떠나가도록 웃었다. 아무튼 내가 아직은 쓸 만하다는 속마음을 보인 남편의 우스갯소리다. 평소 부부간에도 사소한 실수는 감싸주고 유머로 넘기면 웃고 살 수 있지 않을까.

얼마 뒤 동창회에서 '김 여사 실종사건'을 이야기해줬다. 내가 친구 남편이 해준 말을 그대로 흉내 내며 '아직은 쓸 만해요. 그 사람.'이라는 말에 친구들은 '아직도 청춘인가 보네!' 한 마디씩 하며 모두 자글자글 웃었다.

"자기는 친구들하고 술을 마시다 새벽에 들어 올 때도 있으면서 하루 늦게 들어왔다고 동네방네 시끄럽게 야단이야. 야단."

당사자인 김 여사는 힐난 섞인 말을 하면서도 자기를 기다리며 애태운 남편의 행동이 싫지는 않은지 덩달아 웃었다.

"맞아. 김 여사가 아직은 미모가 출중하여 서방님이 불안한가 보더라."

라며 내가 거들었더니 친구들은 '맞다 맞아.' 손뼉까지 치며 모두

포복졸도 하였다. 잠깐 친구 실종사건으로 빚어진 에피소드로 우리는 한바탕 웃음바다 속에서 허우적거렸다.

나이가 들수록 쓸모 있는 사람이 되어야 하지 않을까? 주변에서 쓸 만하다는 말을 들을 수 있다면 괜찮은 삶을 살았다고 볼 수 있다. 그 말 속에는 사회와 가정에서 꼭 필요하며 인격적으로 덕을 갖춘 사람이라는 뜻이 숨어 있다. 나무는 세월이 갈수록 나이테가 불어나 비바람에도 흔들리지 않는 거목이 된다. 사람도 나이가 들수록 지혜와 사랑의 나이테를 점점 크게 그려야 할 것이다. 지나간 시간만큼 나이테에 자신의 흔적을 아름답고 쓸모 있게 새겨, 누군가에게 쓸 만한 사람이 되어 행복하게 해 준다면 그 인생은 멋진 삶이 아닐까.

(2011. 11.)

어머니의 정원
– 5월에 띄우는 편지

모란이 지는가 싶더니 담장 위로 넝쿨장미가 해를 품고 빨갛게 피어나네요. 아침 햇살을 받고 함초롬히 피어나는 장미를 보니 꽃을 좋아하는 어머니 생각이 나요. 며칠 전 머나먼 강원도 정선나들이를 다녀오신 피로는 풀리셨는지요? 넓은 정원에 한가득 꽃을 심어 놓고 꽃처럼 고운 마음으로 보살피는 어머니. 오늘 하루라도 집안일 미뤄두고 잠시 쉬어 가세요.

어머니, 강원도 여행을 할 때 5남매가 화목하게 지내는 모습을 보며 얼굴에 웃음꽃이 활짝 피셨지요? 저희를 보며 좋아하시던 얼굴을 떠올리니, 작년 회혼례 때 함박웃음 짓던 얼굴이 생각나는군요. 어머니께서 어여쁜 신부가 되어 꽃가마 타고 입장하시던 모습이 지금도 눈에 선해요. 어머니, 회혼례 전날 마사지를 해 드리니 얼굴에 주름살이 펴져 젊어졌다고 어린애처럼 좋아하셨지요. 회혼례 날 신부 화장을 한 어머니 얼굴은 참으로 고우셨어요. 결혼 후 60년이 지나도록 자녀 뒷바라지만 하느라 자신을 위해서는 단장은 고사하고 농사일 속에 파묻혀 힘들게 살던 세월이었지요. 어머니들의 삶은 왜 그렇게도 고단하고 서글픈지요?

어머니, 문득 딸을 위해 아낌없이 주는 나무처럼, 모든 것을 다 주고 떠나가신 친정엄마가 떠오르는 건 웬일일까요? 어머니처럼 딸을 거두고 가르치시느라 좋은 옷 한 번 사 입지 못한 그 애달픈 사랑이 너무도 닮아 생각나는지도 모르겠어요. 친정어머니는 홀로 온갖 고생을 다하여 저를 키웠건만, 노후에 막내딸이 부양하는 것에 대하여 언제나 미안해하고 고마워하셨지요. 친정엄마로부터 받은 한없는 사랑에 비해 너무도 미약하고 당연한 일이었지요. 미안해하시던 모습이 떠오르면, 제가 친정엄마를 마음 편하게 섬기지 못한 것 같아 가슴이 시려옵니다.

인정 많으신 어머니, 제가 큰며느리인데도 명절 전날에는 아들이 없는 친정집 차례 준비하라며, 찹쌀과 함께 손수 만든 도토리묵을 친정에 보내주시던 따뜻한 그 마음. 이제 와 생각해도 가슴을 훈훈하게 합니다. 어머니, 연세가 많은 친정엄마와 서로 언니 동생처럼 정답게 지내던 일이 떠오르는군요. 두 분께서 손자 돌잔치도 준비하고 아이들을 돌보며 마냥 웃으시던 모습. 새벽부터 일이니 오순

도순 얘기하며 김장을 해주던 일 등 외로운 저희 어머니를 따뜻하게 대해 주셔서 정말로 고마웠어요. 몇 해 전 친정어머니께서 갑자기 돌아가셨을 적에 제일 먼저 달려와 제 손을 부여잡고 울먹이셨죠. 그 품에 안기어 서럽게 흐느끼는 저를 안고 우시던 어머님! 피붙이라고는 이제 언니 하나밖에 없는 제가 안쓰럽다며 눈물 흘리던 어머니. 그때 저는 어머님 가슴에 안기어 슬픔으로 하나 되는 사랑을 느꼈답니다. 그 따뜻한 온기가 지금도 가슴에 전해 오는 듯합니다. 친정엄마에 대한 그리운 멍울을 터뜨리며 스스럼없이 얘기할 수 있는 다정한 어머님이 계셔서 얼마나 좋은지 몰라요.

정다운 어머니, 지난가을 제가 다리를 다쳐 병원에 2주간 입원했을 때 나흘 동안이나 병원에서 주무시면서 저를 보살폈지요. 팔순인 연세에도 손수 반찬을 만들어 맛있는 밥상을 차려 내셨지요. 다리가 불편한 저를 위해 머리를 감겨주시고 몸도 닦아 주시며 손발이 되어 주셨지요. 이를 본 간호사가

"시어머님 병간호하는 며느리는 봤어도, 며느리 시중드는 시어머니는 처음 보네요."

하며 부러워하였지요. 어머니께서 제게 베푸신 정성을 생각하면 고부간의 갈등이라는 말은 먼 나라 얘기 같아요. 집에 가기 전날에는 대야에 따뜻한 물을 떠 와서 손수 제 발을 씻겨 주셨지요. 황송해하는 저에게

"내가 너한테 해줄 수 있는 게 이런 거 말고는 아무것도 없다."

하시며 발가락 하나하나까지 따뜻한 손길로 어루만지실 때 가슴이 뭉클하더군요. '제가 이토록 사랑받아도 되는 며느리인지, 시누이도 받지 못한 호강을 누리다니…….' 대야 앞에 쪼그리고 앉아 정성을 다해 제 발을 씻겨주시는 자애로운 어머니 사랑에 저절로 고개가 숙어졌답니다. 고맙고 죄송한 마음 고이 간직했다가, 어머니께서 언젠가 고단하실 때 힘이 되어 드릴게요.

따뜻한 어머님!

친정어머니께서 떠나가신 빈자리에 봄 햇살로 다가와 시린 가슴에 따사로움을 채워주셔서 행복했답니다. 소녀처럼 감성이 풍부해서 안쓰러운 일을 볼 때마다 눈물이 그렁그렁하신 어머니, 꽃을 좋아하고 아름다운 경치를 보면 감탄하시는 어머니! 어쩜 그리 저와 닮은 점이 많은지요. 저와 공감하는 일이 많아서인지 어머니가 친정엄마처럼 느껴져요. 어머니는 제 마음에 고운 꽃이 피어나는 정원으로 들어와 있나 봐요. 이제는 친정어머니께 못다 한 효도까지 어머니께 드리렵니다. 그리고 제가 자주 하지 못한 '어머니, 사랑해요.' 란 말을 푸른 오월 하늘에 띄워 보냅니다.

전주 큰며느리 올림

(2012. 5.)

마이산의 설화

호수 위로 눈이 내리고 있다. 새봄이 왔으니 벚꽃이 흩날려야 하는데 눈꽃이 송이송이 피어나고 있다. 바위산과 호수를 배경으로 내리는 하얀 눈은 나무 위에 동양화를 그린다.

봄 속의 눈은 가는 겨울이 아쉬운지 그칠 줄 모르고 내렸다. 지인들과 봄나들이를 나온 것이 아니라 설화를 마중 나온 듯했다. 감성적인 사람들이라 쌀쌀한 날씨에도 아랑곳하지 않고 꽃눈이 내리는 하늘을 보며 감탄사를 쏟아냈다. 눈길에 웃음꽃을 뿌리며 우리는 탑사에 도착했다. 마이산 천지 탑에 눈이 내리니 더욱 신비롭게 보였다. 이갑용 처사 혼자서 수십 년에 걸쳐 쌓은 돌탑. 높다랗게 원뿔형으로 쌓은 꼭대기에는, 돌 하나씩 여러 개가 아슬아슬하게 얹혀 있건만 끄떡도 않고 서 있었다. 거센 폭풍에도 무너지지 않으니 알 수 없는 수수께끼다. 아마도 혼신을 다한 정성이 하늘에 닿은 공든 탑이라 무너지지 않는지도 모른다. 수십 개의 돌탑을 지나며 사람이 공을 들이면 못할 일이 없겠다는 생각이 들었다.

말 귀를 닮아서 마이산馬耳山이라고 했던가. 마이산은 1억 년 전까지 담수호였으나, 지각변동으로 물밑에 퇴적된 역암이 융기되어 만들어진 산이다. 그 옛날 호수 속의 암반이 치솟아 이렇게 멋진 두 봉우리의 바위산을 만들어 놓다니. 새삼 자연의 조화가 경이로웠다. 탑사를 내려오며 고개를 들어 마이산을 자세히 살펴보니 여기저기 구멍이 보였다. 일부러 만들어 놓은 것 같은 움푹 파인 작은 굴들이 신기했다. 빙하기 때 바위의 내부가 얼어 부피가 커지면서, 표면을 밀어내어 생긴 구멍으로 타포니 지형이라 한다. 움푹 들어간 그 구멍 속 어딘가에서 중생대 호수에서 살던 물고기들의 이야기가 들려오는 듯하였다. '내가 살던 고향은 백악기 호숫가란다. 그때 숲 속에는 공룡 울음소리가 들리고 호수 위로는 시조새가 날아다녔단다.' 신비한 물고기 설화는 바위 속에 박제되어 지금도 민물고기의 화석이 가끔 발견되기도 한단다.

호숫가로 나오니 올라갈 때는 나풀나풀 내리던 눈이, 이제는 함박눈으로 변하여 펑펑 내리고 있다. 바위산을 병풍처럼 두르고 호수 위로 쏟아져 내리는 눈은 한 폭의 수묵화가 되어 사람들을 설경 속으로 데려갔다. 봄날에 내리는 눈이라 더욱 아름답게 보이는 것일까. 4월에 하얀 벚꽃이 날리는 것도 아름답지만 호수 위로 끝없이 내리는 함박눈의 운치가 더 매혹적이었다. 금방 시 한 수가 떠오를 것 같은 정경이었다.

마이산을 휘돌아 나와 진안 가는 길가에 자리한 정원이 아름다운 곳으로 갔다. 인간미 넘치는 지인의 초대로 그곳에서 바비큐 파티를 열었다. 정성을 다한 따뜻한 마음은 타오르는 숯불이 되어 꽃샘추위로 언 몸을 녹여주었다. 갈수록 정이 메말라가는 세상에 그는 봄꽃처럼 우리의 마음을 화사하게 해주었다.

봄날에 함박눈이 내리던 날. 하얀 눈을 맞으며 우리는 동심으로 돌아가 웃고 떠들었다. 눈 속에서 우리네 마음은 순수해지고 따뜻해졌다. 사소하고 가녀린 한순간의 느낌, 삶의 순간순간이 모여 아름다운 추억을 만든다. 봄날 마이산에 눈 내리는 모습은 오래도록 마음속에 한 폭의 풍경화로 남으리라.

(2013. 4.)

혼불의 숨결을 따라

남원 사매면 노봉 마을로 지인들과 문학 기행을 갔다. 대하소설 ≪혼불≫을 읽고 나서 배경으로 나오는 그곳에 막연히 가고 싶었다. 노적봉 자락에 저수지 물 찰랑대며 살구꽃 피고 쑥국새 우는 그림 같은 소설 속으로 들어가고 싶었다.

노봉 마을에 들어서니 산등성이로 쪽빛 하늘이 흘러갔다. 혼불문학관 누마루에 올라 겨우살이 차를 마시니 따스한 온기가 가슴까지 전해졌다. 최명희 씨가 이곳 외가에서 어린 시절을 보냈기에 이곳이 혼불의 산실이 되었다는 관장님의 이야기가 가을바람에 살랑거렸다. 차를 마시고 우리는 ≪혼불≫의 주인공 강모가 전주를 오갈 때 기차를 탔던 서도역으로 향했다. 간이역은 세월이 정지된 듯 오래된 기와지붕에 미닫이 유리문으로 우리를 맞았다. 선로 가에 신호기는 다닥다닥 녹이 슬어 있어 백 년 가까운 세월을 말해주고 있었다. 한가로운 시골 역 풍경은 학생인 강모가 어디선가 검정 모자를 눌러쓰고 기차를 타려고 뛰어올 것만 같았다.

≪혼불≫의 중심 무대가 되는 최씨 종가 고택에 당도하여 솟을대문 안으로 들어섰다. 사람은 간데없고 나무에 매달린 주홍 감만이 우리를 반겼다. 혼불 이야기에서 도도한 청암부인이 앉아 있을 것 같던 안방은 사라지고, 몇 년 전 화재로 타버린 안채 자리에는 파란 잔디만이 무심히 자라고 있었다. 주인 잃은 장독대 항아리들은 윤기를 잃고 세월의 더께를 안고 금이 가 있었다. 청암부인의 종손부가 신행 오던 날, 쳐다보면 부정 탄다는 시댁 지붕 용마루를 신부 효원이 얼떨결에 바라보고, 신랑 강모에게 소박을 맞고 새색시가 서럽게 지냈던 이야기 속 안채는 이제 주춧돌만이 쓸쓸하게 남아 있었다.

문학 기행을 카메라에 담던 방송사 피디가 ≪혼불≫의 아름다운 장면을 낭독해보라고 나에게 요청했다. 첫 장면 청사초롱을 읽어 내려갔다. 종갓집 댓돌에 앉아 ≪혼불≫을 낭독하니 문장 하나하나가 생생하게 살아났다. 대나무 숲 바람 소리를 표현하는데 두 쪽이 넘어갔다. 어찌 대숲 바람 소리 하나를 사르락, 후두둑, 우우우, 쏴아……. 이토록 많은 수사가 쏟아져 나올 수 있나. 과연 이십세기 최고의 문학 예술가답게 모국어의 마술사다.

노봉 마을은 이야기가 현실인 듯 기와 얹은 돌담 집이 많았다. 나지막한 돌담길을 걸으며 주인공 강실이랑 강모가 소꿉장난하던 살구나무 아래는 어디쯤일까? 호기심에 괜스레 이집저집 기웃대며 상상의 날개를 펴고 소설 속으로 들어갔다. 마을길을 휘돌아 혼불 문학관 아래 펼쳐진 청호저수지로 내려갔다. ≪혼불≫의 주인공 청암부인은 청상과부로 몰락한 종갓집을 부자로 만든 종부다. 그녀는 노적봉과 벼슬봉 산기슭에 인근 사람들과 함께 2년에 걸쳐 저수지를 만들어 가뭄에도 물 걱정 없이 농사를 지을 수 있게 했다. 한 집안을 일으키려는 여장부다운 종부의 집념이었다. 사람의 손길로만 만들어진 저수지는 생각보다 컸다. 가뭄에 드러난다는 조개바위는 넘실거리는 물로 보이지 않았다. 맑은 호수 속으로 구름과 하늘, 산이 그대로 들어간 저수지는 한 폭의 수채화였다.

≪혼불≫ 속에서 주인공 강모는 상사병으로 죽은 사촌형 명혼굿을 하던 날, 사모하던 사촌 강실이를 범한다. 그 길로 강모는 공방 들린 아내와 처음으로 합방하여, 종손부 효원은 아들을 낳는다. 강모는 전주에서 공무원으로 지냈으나 기생을 만나 공금을 횡령하고 파면당한다. 종손의 굴레를 벗어나고자 방황하던 강모는 사회주의자인 사촌형 강태를 따라 만주로 떠나고 만다. 세상 물정 모르는 유약하고 이기적인 주인공 강모에게 버림받은 두 여인. 한 남자로 인해 비참하고 고독한 운명을 살아야 했던 강실과 효원은 어쩌면 암울한 그 시대 비운의 여성상을 나타내지 않았나 싶다. 종갓집

기둥인 청암부인은 죽어서 혼불이 되어 용마루 위로 사라진다. 노봉 마을 건너편 거멍굴에서 천민으로 비참하게 살아가던 춘복은, 자신의 운명을 바꿔 보려고 한다. 대보름날 동네 사람들이 달집을 태우러 나간 틈을 이용하여 가여운 강실을 겁탈하여, 자신의 아이를 잉태시켜 신분상승을 꾀한다. 소문으로 이 사실을 알게 된 종손며느리 효원은 그녀를 절로 피접시키려 했으나, 춘복을 좋아하는 옹구네의 납치로 강실은 감금당하며 이야기는 끝난다.

최명희의 원래 ≪혼불≫ 작품 계획은 해방 후 한국전쟁까지 15권으로 완성하려 했는데, 작가가 암에 걸려 미완성으로 끝이 나서 안타까운 마음 금할 길이 없다. 최명희는 소설 제목과 같이 자신의 혼을 불살라 대하소설 열 권을 쓰는 동안 몸속에 기운이 다 빠져나가 병이 들어 생을 마감했는지도 모른다. 그녀의 문장 하나하나는 바위를 뚫는 물방울의 힘으로 쓰여진 듯, 우리 민족의 얼이 그대로 살아 있다. 작가는 ≪혼불≫에서 우리 근대사의 세시풍속뿐 아니라 관혼상제며 복식 등을 두루 접할 수 있게 하였다. 전래풍습을 세세히 묘사하였기에 민속학이나 역사학의 보물창고라고 해도 손색이 없으리라.

사방이 그림 같은 노봉 마을을 외가로 둔 최명희는 어린 시절 이곳에서 살며 자연 속에서 저절로 아름다운 시상이 떠올랐지 싶다. 또한, 부모님으로부터 물려받은 모국에 대한 사랑이 우리 언어를 섬세하게 표현하는 토양이 되었을 것이다.

긴 세월 고뇌하며 눈으로 보는 듯, 생생하게 우리 언어를 다듬어 써내려 간 열 권의 대하소설. 자신의 영혼을 다 바쳐 ≪혼불≫이라는 아름다운 대서사시를 탄생시킨 작가에게 찬미의 말을 전하고 싶다. 혼불의 숨결을 따라 문학의 향기를 가득 안고 돌아오는 길가에, 임의 손짓인 양 하얀 억새가 하늘하늘 흔들리고 있었다.

(2012. 10.)

사자 왕의 귀환

유월의 태양은 뜨거웠다. 더구나 한낮의 더위는 잠시만 걸어도 이마에서 땀이 흘러 등줄기를 타고 내려왔다. 그래도 걸음을 멈출 수는 없었다. 한시라도 빨리 찾아야 하기 때문이다. 이 골목 저 골목을 헤매고 다녔지만 흔적도 보이지 않았다. 놀이터에 가보고 학교도 찾아보며 온 동네를 샅샅이 뒤졌으나 그 모습은 어디에도 없었다.

나들이하려고 대문을 열려다 무언가 허전하여 마당을 둘러보았다. 나를 졸졸 따라다니던 애완견 '레트'가 보이지 않았다. 정원 구석구석을 찾아다니며 불렀으나 '포메라이언 레트'는 감쪽같이 사라졌다. 애완견의 일종인 '포메라이언'은 털이 갈색인데다가 턱밑으로 갈기가 있어 모습이 사자 같다고 하여 붙여진 이름이다. 그 말처럼 아기 사자 같은 모습이 얼마나 깜찍하고 예쁜지 모른다. 귀여운 강아지가 어느덧 네 살이 되어 졸랑졸랑 따라다니며, 혼자 걷는 산책길에 정다운 길동무가 되어 주곤 했다.

귀여운 모습이 눈앞에 어른거려 발걸음이 더욱 빨라졌다. 사라진 줄도 모르고 방안에서 느긋하게 안락함을 누린 것이 미안하여, 땡볕에도 아랑곳하지 않고 사방을 찾아다녔다. 집 근처를 몇 바퀴를 돌아도 꼬리를 흔들며 나타날 것 같은 레트는 보이지 않았다.

좀 더 멀리 나가서 찾아보려고 차를 가지러 집에 잠깐 들렀다. 두 시간 정도 헤매느라 목이 말라 물을 마시고 잠시 한숨을 돌렸다. 사람들은 평소에는 무심했다가도 어떤 것을 잃어버리고 나서야 자신들의 무관심과 소홀함을 자책한다. 눈앞의 일에 파묻혀 소중한 것이 무엇인지 미처 깨닫지 못한다. 사라진 뒤에야 안타까워하는 나도 진정 귀한 것이 무엇인지 모르는 사람이 아닐까.

다시 아기 사자를 찾으러 대문을 나서려다 혹시나 하여 정원을 돌아보며 레트를 불렀다. 불러도 대답 없는 이름이었다. 정원의 풀들도 시들시들 기운이 없었다. 나무들도 한낮이라 풀죽어 있었다. 아니 레트가 없으니 심심하여 기운이 없는지도 모른다. 오가는 사람을 보며 '멍멍' 짖기도 하고 트럭에서 물건을 사라고 외치면 덩달아서 컹컹거리던 소리가 들리지 않으니 뜨락의 식물도 무료하여 졸고 있는 것 같았다. 담장에 피어 있던 넝쿨상미노 늘어져 기운이 없어 보였다. 마당을 휘젓고 다니며 생기를 불러일으키던 어린 사자 왕이 사라진 뜨락에는 적막감만 맴돌았다. 레트를 찾으려고 차를 몰고 이리저리 돌았다. 집 근처를 다시 돌며 언뜻 차창 밖을 보니 동네 카센터 그늘에 우두커니 레트가 앉아 있었다. 얼마나 반갑던지 차에서 내려 구르듯 달려가니 레트도 냉큼 뛰어올라 내 품에 안겼다. 이산가족이라도 만난 양 서로 얼싸안고 좋아서 이리저리 뛰며 영화를 찍었다. 평소에도 개를 좋아하지만 잃어버렸다가 찾으니 레트가 더욱 사랑스러웠다.

레트를 안고 대문을 들어섰다. 좀 전에는 눈에 띄지도 않던 난초꽃이 담장 밑에서 레트를 반기듯이 함초롬히 피어 있었다. 바위틈으로 꽃 양귀비도 미소 지었다. 시들었던 넝쿨장미도 생기를 되찾아 향기를 내뿜었다. 잔디밭 사이로 노란 민들레가 방글거렸다. 시들했던 식물들이 거짓말처럼 갑자기 활기를 찾았다. 귀염둥이 레트가 돌아오자 보이지도 않던 꽃들이 내 눈에 들어왔다. 보는 사람이 어떤 마음인가에 따라 세상은 시큰둥하기도 하고 아름답게도 보이는가 보다.

정원의 꽃들이 생글생글 웃으며 사자 왕의 귀환을 축하하자, 레트도 덩달아 이리 뛰고 저리 뛰며 좋아했다. 이토록 순식간에 생동감으로 출렁이게 하는 레트는 이곳에서는 왕이 분명하였다. 몇십 년 된 소나무에 버릇없이 레트가 실례를 해도 반송은 묵묵히 받아들인다. 봄날에는 철쭉 사이를 휘젓고 다니며 꽃잎을 떨어뜨려도 나무는 가만히 있었다. 그저 철 따라 꽃을 피우며 아름다움을 사자 왕에게 선사할 뿐이었다.

움직이지 않는 식물 속에서 혼자 뛰놀다 보니 레트는 왕 노릇도 시들해져 틈새를 노려 나갔나 보다. 동네 한 바퀴를 실컷 돌아다녀 봐도 반겨주는 이 없으니, 자기만의 왕국이 그리워져서 집 부근으로 돌아왔으리라. 돌아온 레트가 기특하여 한참을 어루만지며 놀아 주었다. 무언가 관심이 부족하여 밖으로 나갔나 싶어서다.

동물도 사랑을 먹고 자란다. 자신을 아껴주고 귀여워해 주는 사람에게 순종하며 따른다. 말 못하는 동물이라도 인연의 끈이 다할 때까지 사랑으로 품어주어야 하지 않을까. 따뜻한 관심은 살아 있는 모든 생명에게 필요하리라.

(2011. 6.)

물의 교향곡

아르헨티나의 부에노스아이레스에서 버스를 타고 가는 도중 여권심사를 받고 브라질로 갔다. 차편으로 국경을 손쉽게 넘을 수 있는 자유가 부러웠다. 우리나라는 육로를 통해 외국에 가는 날이 언제쯤 오려나. 숙소에 들어서니 아름드리 야자수와 이름 모를 꽃들이 우리를 반겼다. 이과수 리조트의 쾌적한 분위기가 기분마저 상쾌하게 했다.

이튿날 아침 사파리 열차를 타고 폭포를 찾아 밀림 속으로 들어갔다. 하늘이 보이지 않는 울창한 열대림은 지구의 허파인 브라질에 왔다는 사실이 실감 났다. 열차에서 내려 이과수폭포를 향해 숲 속을 걸어갔다. 세계자연유산으로 등재된 명소답게 각양각색의 사람들이 구름처럼 밀려갔다. 연간 백만 명 이상의 사람들이 이곳에 다녀간다고 한다. 사람들은 가끔 나타나는 이구아나에 놀라 소리를 지르기도 하고, 대여섯 마리의 새끼를 끌고 밀림 속에서 나타난 너구리를 닮은 동물이 신기하여 발길을 멈추고 사진 찍기에 여념이 없었다. 어느 정도 걸어가자 드디어 이과수 폭포가 모습을 드러냈다. 어제는 아르헨티나에서 오늘은 반대쪽 브라질에서 폭포를 바라보는 것이다.

저 멀리 층을 이룬 절벽을 타고 폭포가 쏟아져 내리고 있었다. 이과수 폭포는 이과수 강이 파라나 고원의 남쪽 가장자리를 흘러 말발굽 모양의 5km 협곡에 초당 약 1만여 톤의 물을 쏟아내는 세계 최대의 폭포다. 협곡으로 떨어지는 물은 여기저기 있는 섬과 튀어나온 바위 때문에 다시 280여 개의 작은 폭포로 나뉘어 가파른 협곡 벽을 흘러내린다. 저만치 폭포가 보이는 전망 좋은 자리에서 사진을 찍고 이과수 폭포 턱밑을 향하여 발걸음을 재촉했다.

수많은 사람을 엇갈려 폭포 바로 밑에 설치된 나무다리 위로 올라섰다. 고막을 찢을 것 같은 폭포의 굉음과 함께 물보라가 사방으로 흩날렸다. 순식간에 비 맞은 생쥐 꼴이 되었다. 온몸이 젖어들어도 눈앞에 펼쳐지는 폭포의 장엄함에 탄성이 절로 나왔다. 내 시야 전부가 폭포였다. 수십 개의 하얀 물기둥이 기역자 모양의 절벽을 타고 쏟아져내렸다. 폭포 위로는 파아란 하늘에 흰 구름이 두둥실. 세상에는 절벽과 폭포, 푸른 하늘만이 존재할 뿐이었다. 그야말로 장관이었다. 이과수는 인디오 말로 '거대한 물'이다. 그 물이 폭포가 되어 웅장한 교향곡을 연주하고 있는 것이다. 커튼처럼 드리워진 폭포가 으르릉 쾅쾅 연주의 절정을 향해 천둥소리를 내며 물을 쏟아내고 있었다. 그이와 나는 장엄한 폭포의 향연에 감동하여 넋을 잃고 바라보았다. 옆에 있던 친구는 이과수 폭포를 본 것만으로도 중남미 여행비가 아깝지 않다며 마냥 웃어댔다. 우리는 대자연의 경이로움에 취해 손을 잡고 빙빙 돌았다. 깊이를 모를 말발굽 모양의 협곡 사이로 엄청난 물을 토해내는 '악마의 목구멍' 주변에는 끝없이 튀어 오르는 하얀 물방울로 안개비가 내리고 있었다. 나무다리를 휘감은 바람비 사이로 무지개가 생겼다. 그것도 행운을 준다는 영롱한 쌍무지개가 떴다. 공상영화에서나 나올 법한 환상적인 정경에 환희의 물결이 가슴 저 밑바닥에서부터 일렁거렸다.

'온 세상 아름다움을 간직한 위대한 이과수여! 영원하라.'

한없이 머물고 싶었으나 다른 사람들의 기쁨을 위해 아쉬움을 남겨두고 폭포 앞을 떠났다. 하류에서 보트를 타고 이과수 폭포 줄기 수백 개가 떨어지는 강물을 거슬러 올라갔다. 자연이 만들어낸 폭포의 향연에 다시 한 번 경탄하지 않을 수 없었다.

웅장한 이과수 폭포를 뒤로하고 사파리 열차를 타고 밀림을 나왔다. 숲 속을 벗어나자 한여름의 태양이 서쪽 하늘가에 머물고 있었다. 모처럼 햇살을 안고 어제 묵었던 리조트로 돌아오니 마음마저 한가로웠다. 머나먼 이국땅에 와서 자유로운 시간을 맞았는데 가만히 있을쏘냐. 리조트 주변의 정원을 산책하였다. 다양한 식물이 많은 이곳은 식물원 같았다. 정원이 얼마나 넓은지 한 바퀴 도는 데 한 시간 정도 걸렸다. 열대 과일들이 곳곳에 떨어져 있었다. 정원을 산책하고 온천 수영장에 들러 따뜻한 물에서 수영하였다. 중남미를 떠돌던 집시가 갑자기 백작 부인이라도 된 양 호사를 누렸다. 장거리 여행으로 누적된 피로가 봄눈 녹듯 사라졌다. 사막에서 오아시스를 만난 듯 스파르타식 여행 중간에 잠시 쉼표를 찍은 날이었다.

다음 날은 비행기로 이과수를 떠나 리오에 도착하였다. 이튿날 아침 세계 3대 미항의 하나인 리오데자이네루의 경관을 감상하러 슈가로프 산을 올랐다. 산 정상에서 바라보니 리오의 모습이 한눈에 들어왔다. 푸른 바다를 끼고 마이산 봉우리처럼 생긴 뭉툭한 바위산들이 기기묘묘한 모습으로 펼쳐진 모습이 한 폭의 산수화였다. 해안가 수풀 사이로 아담한 집들과 수많은 요트가 형형색색으로 햇빛에 반짝거렸다. 미항이라는 이름에 걸맞는 그림 같은 풍경이었다. 나폴리, 시드니, 리오를 봤지만, 이곳이 가장 아름다운 항구라는 생각이 들었다.

저녁 식사 뒤 삼바 쇼를 보러 갔다. 키가 늘씬한 갈색 피부의 아가씨들이 신명 나는 북소리에 맞춰 원초적인 몸놀림으로 삼바 춤을 추었다. 삼바 여왕들은 등 뒤에 공작 털을 부챗살처럼 커다랗게 펼치고 호화로운 드레스를 입고 우아하게 춤을 추었다. 피날레로 사회자가 각국 관광객들을 부를 때 코리아를 불렀다. 머나먼 이국땅에서 대한민국을 큰소리로 부르자, 왠지 세계인들에게 우리나라를 알리는 것 같아 기분이 뿌듯했다. 친구와 나도 앞으로 나가 삼바 여인들과 손을 잡고 둥글게 원을 그리며 즐겁게 춤을 추었다. 올려다보는 삼바 여인은 팔등신 미녀였다. 그녀는 생글생글 웃는 얼굴로 친절하게 시범을 보이며 춤을 가르쳐 주었다. 그녀의 손은 따뜻했고 벽을 넘어서 손에 손을 잡고 세계는 하나가 되는 느낌이었다. 삼바의 정열적인 춤과 함께 리오의 밤도 깊어갔다.

남미에서 가장 넓은 땅 브라질, 광물이 풍부하고 대자연의 풍요와 혜택을 가장 많이 누리는 축복받은 나라다. 장엄한 이과수 폭포, 리오의 풍경이 언제까지나 그대로 남아 먼 후일 후손들도 아름다운 광경에 감동하고 찬미하길 바라며, 밤하늘의 반짝이는 별을 바라보았다.

2부

희망봉 해안을 따라 하얀파도와 에메랄드빛 바닷물이 어우러져 신비로운 빛깔로 일렁거렸다.

겨울나무

겨울은 옷을 다 벗은 나뭇가지들이 자신의 모습을 그대로 드러내는 정직한
계절이다. 그리하여 거짓 없는 겨울나무들에게
순백의 눈꽃을 피워 찬미하나 보다.

겨울나무

창문을 여니 밤사이 하얀 눈 세상이 되었다. 우리 집 강아지 순둥이와 복둥이는 펄펄 내리는 함박눈을 맞으며 '오, 오 나는 눈꽃 스타일!' 이리 뛰고 저리 뛰며 춤을 추고 있었다. 저리 좋아하는 걸 보니 춥지도 않은가 보다. 벚꽃처럼 흩날리는 눈송이를 보니 왠지 어디론가 떠나고 싶어서 산으로 갔다.

모악산 입구에 들어서니 등산객들이 하얀 길 위를 알록달록 수를 놓았다. 나처럼 눈 덮인 산이 좋아서 왔으리라. 뽀드득 소리를 내는 눈길을 사박사박 걸어가니 동심으로 돌아간 듯 산속의 설경이 새로운 느낌으로 다가왔다. 나무마다 눈이 탐스럽게 쌓여 있었다. 하안 눈을 쓴 나무들은 가지 모양에 따라 여러 가지 모습이있다.

어떤 나뭇가지는 사슴뿔 모양이고, 비스듬한 큰 나뭇가지는 흰 눈을 쓴 통나무다리 같았다. 길가 푸른 솔은 사람이 일부러 눈을 뭉쳐 매단 듯 둥근 눈덩이가 매달려 있었다. 골짜기 응달 쪽은 바람에 흩날린 눈이 수북이 쌓여 나뭇가지가 휘어질 정도고. 편백나무는 층층이 솜이불을 쓰고 있는 모습이 크리스마스트리 같았다. 하얀 눈꽃을 피운 나무들은 그대로 그림이었다. 흑과 백으로 여백의 미를 살린 한 폭의 한국화라고나 할까.

골짜기 바위 사이로 흐르던 물은 커다란 고드름이 되어 얼음으로 빚은 조각상처럼 투명했다. 눈 덮인 바위틈으로 흐르는 계곡 물소리는 가슴 한구석에 쌓인 도시의 먼지를 씻어낼 듯 청아하게 들렸다. 비탈진 길에서 언뜻 앞을 보니 저 멀리 하얀 조형물이 나타났다. 무슨 현수막이 길가에 걸린 줄 알았다. 가까이 다가가니 쓰러진 소나무 위로 바람에 날린 눈이 엄청나게 쌓인 모습이었다. 나무는 쓰러져서도 온몸에 하얀 눈을 휘감고 사람들에게 새로운 창조물을 보여주었다. 어떤 사람은 '설경이 멋지다.'고 빨리 산으로 오라고 전화를 했다. 능선과 골짜기 나무들은 나뭇가지 모양과 멀고 가까움에 따라, 기기묘묘한 눈꽃으로 사람들의 시선을 사로잡았다. 밤새 나무들은 눈이 부시도록 하얀 꽃을 피웠다. 그 누구인가. 산을 도화지 삼아 눈가루를 흩날려 이토록 아름다운 설경을 그린 사람이. 자연의 조화가 새삼 경이로웠다.

오르막길을 올라 넓은 평지로 올라섰다. 확 트인 공간에서 맨 먼저 시야에 들어온 것은 깊이를 알 수 없는 청담색 하늘 위로 뾰족이 솟아 있는 송신탑이었다. 하얀 눈꽃으로 수놓은 산속에서 이질감을 느끼게 하는 철탑이었다. 과거와 현재를 막론하고 사람들은 하늘 높이 가고 싶었나 보다.

고대 바빌로니아 사람들은 교만하여 신이 있는 하늘까지 오르려고 탑을 쌓았다. 기원전 290년에 쓰인 바빌로니아 역사서에서 '베로수스'는 메소포타미아문명의 수메르점토판 유적을 근거하여 기록하길, 바빌로니아 사람들은 2.6km에 달하는 바벨탑을 쌓았다고 한다. 그러자 신이 노하여 바람을 일으켜 탑을 무너트리고 그 벌로 하나뿐인 언어를 여러 말로 바꾸어 서로 의사소통을 못하게 한 뒤, 다시는 탑을 쌓지 못하게 하였다고 한다. 끝없는 인간의 야망을 나타내는 이야기다. 눈앞에 보이는 산꼭대기의 우뚝 솟은 송신탑도 우주에 떠 있는 위성을 통하여 세계와 연결하는 통신망이다. 그야말로 하늘 가까이 가려는 인간의 한없는 욕망을 나타낸 현대판 바벨탑이 아닐까?

뾰족한 송신탑에 비하여 대원사 마당의 눈 덮인 오층석탑은 눈사람처럼 두루뭉술하여 보는 이의 마음을 한결 부드럽게 했다. 바위틈을 뚫고 나온 물이 담긴 돌확은 옹달샘이라고나 할까. 물 한 모금을 마시니 가슴까지 시원하였다. 또르르 울리는 목탁소리는 알 수 없는 사람의 욕망을 잠재우는 소리 같았다. 고드름이 주렁주렁 매달린 처마 끝에서 풍경이 바람결에 뎅그렁거렸다. 세인들이

산사를 찾는 이유 중 하나는 자연과 어울리는 경내의 아늑한 분위기와 편안함 때문이리라.

눈과 얼음으로 덮인 미끄러운 길을 천천히 내려갔다. 언덕배기의 대나무는 홀로 푸르게 서 있었다. 같은 길로 오갔건만 올라갈 때는 보이지 않던 대나무가 보이다니. 바람이 눈가루를 날려 보냈나. 눈 쌓인 나무들과 대비되어 대나무는 눈이 시리도록 푸르렀다. 길가 싸리나무는 잔가지 사이마다 눈송이가 앙증맞게 맺힌 모습이 안개꽃처럼 보였다. 휘어진 나뭇가지들은 하얀 눈 터널을 만들어 오솔길을 은빛으로 빛나게 하였다.

겨울은 옷을 다 벗은 나뭇가지들이 자신의 모습을 그대로 드러내는 정직한 계절이다. 그리하여 거짓 없는 겨울나무들에게 순백의 눈꽃을 피워 찬미하나 보다.

(2012. 12.)

우리의 자화상

방송과 신문에서 대대적으로 소개했다. 뉴스 앵커가 작가를 초대해서 생방송으로 인터뷰할 정도로 인기가 많은 소설이다. 세계 15개 국어로 번역되어 다른 나라에서도 베스트셀러가 된 대한민국의 소설이 오랜만에 나왔다는 말에 호기심이 갔다. 도대체 어떤 내용일까? 궁금한 걸 참으면 몸살이 나는지라 책을 구해서 내리 사흘 만에 읽었다.

≪엄마를 부탁해≫라는 소설이다. 치매 걸린 어머니를 지하철에서 잃어버리고 자녀들이 광고지를 들고 찾아다니면서 이야기는 시작된다. 잊었던 추억을 떠올리며 어머니가 얼마나 소중한 사람인가를 깨닫는다. 무심하게 내했던 일들을 뉘우치며 도시를 방황하

는 남매들. 어머니의 사랑을 되새김질하며 눈물로 찾아 헤매는 그들의 모습은 오늘 우리의 자화상이 아닐까?

벽에 걸린 어머니 사진에 시선이 갔다. 어머니의 눈길에는 나의 기쁨과 아픔까지도 모두 품어 주는 따스함이 묻어 났다. 여러 해 전에 친정어머니가 경찰차에 실려 우리 집에 왔다. 길을 잃고 얼마나 헤매었는지 땀에 젖은 얼굴은 초췌했다. 딸네 집을 찾아다니는 어머니를 경찰이 발견하고 측은하여 물어물어 집까지 모셔왔다고 했다. 어머니는 경찰에게 고맙다는 말까지 건네고 나서 나를 보며 멋쩍게 웃었다. 생각지도 못한 어머니 행동에 어이가 없었다. 거의 매주 우리 집에 오시는데 어찌 이런 일이 있단 말인가? 그렇게 당당하고 총기가 좋았던 어머니였는데…….

예기치 못한 어머니의 행동에 치매가 염려되어 곧바로 병원을 찾았다. 의사 선생님은 숫자, 그림, 날짜 등 간단한 질문을 한 뒤 연세에 비해서 괜찮다고 했다. 그 후로 일상생활하는 데는 별 지장이 없어 다행이었다. 아들이 없는 어머니는 우리 집에서 많이 생활했다. 낮에는 혼자 있으면 심심하다고 어머니 집에 자주 갔다. 동네 경로당에 모여 점심도 같이 해먹고 이야기하며 어울려 지내다가 주말쯤엔 우리 집에 와서 지냈다.

어느 해 초가을 퇴근하여 대문을 여니 어머니께서 깜짝 반기며

"애구! 내 딸 오냐. 열쇠를 놓고 와서 마당서 풀이나 뽑음서 기다렸다."

한복 차림으로 땀방울이 송골송골 맺힌 얼굴은 기다림에 지친 모습이었다. 하염없이 기다리고 있었을 어머니가 너무나 안타까웠다. 좀 더 서둘러 오지 못한 것이 마음에 걸렸다. 생각지도 못한 이런 일이 생길 때마다 가슴 한구석이 미어졌다. 구십에 가까운 어머니가 물건을 잘 챙기는 것이 오히려 그 나이에 어울리지 않는다고 스스로 위로하며 마음을 달랬다. 그저 병원에 입원 한 번 하지 않은 정정한 어머니의 건강을 막연히 믿고 싶었다.

다음 날은 일요일이라 어머니께 구경도 시켜드리고 산책도 할 겸 대아리 수목원에 갔다. 온실에 들러 열대 꽃들을 관람한 뒤 고산 소싸움 축제장에 들렀다. 어머니와 손잡고 여기저기 난장을 구경하였다. 나이를 먹으면 애가 된다고 했던가? 인절미와 솜사탕을 사드리니 어머니는 어린애처럼 해맑게 웃으며 맛있게 드셨다. 삶의 줄타기를 하던 젊은 시절에는 언제나 세상과 맞서는 당당한 여장부셨다. 하지만 이제는 먹고사는 걱정을 덜어서 마음이 편한지 언제부턴가 작은 일에도 감사하고 즐거워하셨다. 이튿날 우리가 출근 준비를 하자 어머니도 집에 가신다고 했다. 용돈을 챙겨 드리니 고맙다며 환하게 웃었다. 대문을 나서는데 초가을이라도 공기가 싸늘했다. 출근 시간이라 바쁜 마음에 골목길에서 헤어졌다.

"엄마, 택시 타고 갈 수 있지요? 며칠 뒤에 또 오세요."

"오냐, 내 걱정 말고 늦었는디 후딱 가거라."

하시며 어머니는 희미한 미소를 지으며 멀어져갔다. 어머니가 골겨 입던 여름 깨끼한복이 추워 보였다. 연두색 저고리에 오동색 치마를 입고 훠이훠이 가시던 그 모습이 지금도 눈에 선하다.

그 모습이 마지막이 될 줄이야 꿈에도 몰랐다. 직장에 가자마자 전화가 걸려왔다. 119구조대원이 어머니가 길가에 쓰러져 있어 대학병원 응급실로 모셔왔다고 말했다. 어제 그렇게도 좋아하며 나들이를 했는데 이게 무슨 변이란 말인가. 차를 타고 가는데 눈물이 앞을 가려 운전을 제대로 할 수가 없었다. 택시를 태워드려야 했건만, 제 살기 급급하여 연로한 어머니를 혼자 가게 한 일이 그렇게 후회될 수가 없었다.

병원에 도착하여 어머니를 찾았다. 침상에 누워 계신 어머니는 이미 아침에 보았던 건강한 모습이 아니었다. 엄마를 불러보았지만 감긴 눈은 뜰 줄 모르고 혀가 내밀어져 있었다. 의사 선생님은 응급조치는 하였지만 심장 대동맥 파열로 깨어나기는 어려울 것 같다고 하였다. '아! 이대로 어머니를 보낼 수는 없다. 맛있는 것을 드리면 어린애처럼 행복해하고, 꽃을 그리 좋아하는 어머니께 내년 봄 벚꽃 구경도 시켜 드려야 하는데…….'

"엄마, 엄마! 눈 좀 떠봐요. 한 번만 나를 봐주세요."

어머니 귀에다 대고 한없이 외쳤다. 막내딸의 간절한 외침을 들은 것일까? 마지막 안간힘을 쓰며 어머니는 눈을 떴다. 하지만 그 눈엔 빛이 없었다. 멍하니 바라보다 스르르 다시 눈을 감았다. 그리고는 영원히 내 곁을 떠나셨다. 딸의 마지막 소원을 들어주느라 눈을 한 번 떠보고. 사랑하는 딸에게 말 한 마디 못한 채 그렇게 허망하게 먼 길을 떠나셨다.

애달픈 어머니의 한평생. 서른여섯에 홀로 되어 삶을 꾸리느라 손에 물집이 잡힐 정도로 일을 하여 나를 키우셨다. 하루하루가 전쟁과도 같은 삶이었다. 그 생의 한가운데를 용감히 헤쳐 나가 딸의 행복을 만들어주고 가신 어머니! 제 앞가림에 정신없이 지내느라 무심히 대했던 사소한 일들이 회오리바람처럼 밀려와 가슴을 시리게 했다. 병시중으로 힘들고 지치게 하여 정이라도 떼고 가실 일이지. 어머니께 못다 한 사랑이 서러움으로 밀려와 가슴속에 슬픔이 강이 되어 흘렀다.

세상의 아들딸은 ≪엄마를 부탁해≫ 소설처럼 어머니가 항상 그냥 그 자리에 있을 줄 알고 제 살기 바빠서 앞만 보고 달린다. 언젠가 떠난다는 사실을 모르는 사람처럼 어머니는 잊고 산다. 그러다 어느 날 갑자기 떠나면 그때야 망각의 우물에서 어머니와 함께한 기억을 두레박으로 퍼 올린다. 떠올린 추억의 샘물을 마시며 가슴이 아려와 그리움에 목이 멘다. 그것이 오늘을 사는 우리의 자화상이다. 꿈에라도 벚꽃 피는 송광사 그 길을 솜사탕 손에 들고 해맑게 웃는 어머니와 손잡고 걸을 수 있다면 얼마나 좋을까.

(2012. 1.)

제비꽃 화관을 쓴 그녀

단풍나무 숲에 들어섰다. 지난해 태풍으로 나무들이 쓰러져서인지 어두컴컴하던 숲에 푸른 하늘이 들어와 있었다. 이 숲은 늦가을 단풍을 보러 자주 오는 곳이다. 봄에는 별로 오지 않는데 편백나무 숲에 들렀다가 봄빛에 이끌려 이곳까지 왔다. 이 숲은 눈이 내릴 때까지도 단풍잎이 오색찬란하게 빛난다. 이른 봄 이곳 숲속은 어떤 모습일까?

건지산 입구에 있는 참나무들은 아직도 헐벗은 겨울나무로 서 있는데. 단풍나무는 어느덧 새싹이 움트고 있었다. 이제 막 돋아난 새잎은 연두로 피어나고 있었다. 어떤 나무는 연노랑 빛으로 반짝이고. 불그레한 빛을 띠고 화사함을 뽐내는 새순도 있었다. 하늘을 찌르는 나무들은 저마다 고유의 빛깔로 나뭇잎을 채색하고 있었다. 이제 갓 피어나는 어린잎들의 수런거림으로 숲 속은 싱그러움이 가득했다.

나무 아래로 언뜻 보랏빛이 보였다. 가까이 다가서니 현호색이 무더기로 피어 있었다. 현호색은 산속에 일찍 봄을 알리는 정령이다. 도시 가까운 건지산에 현호색이 이토록 지천으로 피어 있을 줄 그 누가 알았으리. 숲 안쪽으로도 현호색은 꿈꾸는 연보랏빛 물결을 이루며 피어 있었다. 보라색 대롱으로 된 통꽃 끝은 흰색이며 양쪽으로 갈라져 있었다. 마치 입을 벌리고 먹이를 먹는 새처럼 보였다. 한 줄기에 여러 송이 통꽃이 오밀조밀 달려 있는 모습이 깜찍했다. 보랏빛 현호색은 수많은 등불이 되어 산기슭에 있는 최명희 묘역으로 가는 어스름한 숲 속을 은은하게 밝히고 있었다.

나는 이곳 단풍나무 숲을 좋아한다. 내가 좋아하는 글귀가 그곳에 가면 있기 때문이다. 오늘도 마음에 닿는 글귀가 새겨진 화강암 앞에 섰다.

'언어는 정신의 지문이고 모국어는 모국의 혼입니다. 저는 혼불에다가 진정한 불빛 같은 알맹이를 담고 있는 말의 씨를 심고 싶었습니다. 그래서 우리의 얼이 넋이 무늬로 피어나는 그런 글을 쓰고 싶었습니다.'

이 얼마나 멋진 말인가! 글을 쓸 때의 마음가짐을 일깨워 주는 말이다. 그냥 생각나는 대로 쓰는 문장이 아니라, 우리의 얼을 담아 글을 쓰라는 최명희 작가의 신념이 담긴 글이다. 이 문구를 읽을 때마다 그녀가 얼마나 모국어를 사랑하고 정성을 다해 다듬은 아름다운 우리말로 대하소설 ≪혼불≫을 집필했는가를 미루어 짐작이 간다. 맑고 고운 문장을 만들어내느라고 잠 못 이룬 밤은 그 얼마나 많았을까?

작가는 ≪혼불≫에 우리 민족의 정신을 담아내느라고 17년이라는 긴 세월 동안 작품을 썼다. 작품에 혼신을 다하느라 기진하여 그녀는 병이 들었다. 갖은 고생 끝에 걸작 ≪혼불≫을 1997년에 출간했으나 안타깝게도 이듬해 그녀는 51세를 일기로 생을 마감하였다. 그녀는 갔지만, 작가의 혼은 작품에 그대로 살아 있어 곱디고운 우리말은 오래도록 널리 쓰이리라. 빙 둘러 서 있는 화강암 비에 새겨진 작품 속의 주옥 같은 문장을 읽고, 뒤를 돌아본 순간 눈앞에 봄의 찬란함이 피어오르고 있었다.

그녀가 자줏빛 화관을 쓰고 웃으며 손짓하는 것이 아닌가. 내려올 때는 보이지 않던 꽃들이 그녀의 머리에 물결을 이루고 있었다. 화관처럼 보이는 꽃무리가 신기하여 무엇에 이끌리듯 무덤가로 다가갔다. 최명희 무덤 위로 자주색 제비꽃이 소담스레 피어 있었다. 제비꽃의 꽃말이 성실과 순진무구한 사랑이라 했다. 그녀와 아주 어울리는 말이다. 그래서 제비꽃이 봄의 환희처럼 무덤 위에 피어

났나 보다. 그녀는 아마 파란 잔디로 가꿔진 무덤보다는, 제비꽃 화관을 쓴 자신의 봉분을 더욱 좋아할지도 모른다.

무덤을 찬찬히 들여다보니 잔디는 어쩌다 있고 풀이 무성했다. 냉이, 씀바귀, 쇠별꽃, 개망초까지. 결혼을 하지 않아 자손이 없어서인지 무덤을 가꾸지 않은 티가 났다. 전주시가 대문학가 최명희의 묘역을 건지산자락에 공원처럼 만들었지만 관리가 소홀했다. 나는 커다란 봉분을 천천히 돌며 망초를 뽑아냈다. 존경하는 작가의 무덤에 자라는 망초라도 내 손으로 캐내고 싶었다. 봉분 위의 너풀너풀한 망초를 말끔히 뽑아내자 깔끔해진 모습에 괜스레 흐뭇했다. 하지만 그녀는 민초들이 어우러져 사는 것처럼, 잡초 속에서 제비꽃이 환하게 피어난 자신의 무덤을 보며 오히려 미소 짓지 않을까.

봄빛 속에 자줏빛 꽃을 화사하게 둘러쓴 그녀. 살아서는 아름다운 글로 세인들의 박수 속에 면류관을 쓰고, 죽어서는 머리 위에 제비꽃 화관을 쓴 그녀는 분명 이승과 저승에서 두루 찬사를 받는 금세기 최고의 작가이다.

(2013. 4.)

바다에 물든 태양

해안을 따라 이어진 가파른 절벽에 파도가 하얗게 부서졌다. 머나먼 남극에서 뒤쫓아온 바람에 떠밀려 바닷물은 아우성치다가, 암벽에 부딪혀 정신을 잃고 흰머리를 풀어헤친 채 춤추고 있었다. 눈을 돌려 반대편을 바라보니, 바다는 숨을 죽이고 잔잔하게 일렁이고 있었다. 곶을 중심으로 오른쪽은 소용돌이치는 파도가 부서지는 에메랄드빛 바다, 왼쪽은 고요한 호수 같은 짙푸른 바다. 이 무슨 조화란 말인가?

대서양의 거센 바람이 희망봉에 부딪혀 파도의 파노라마를 연출하는가 싶더니. 툭 튀어나온 곶을 휘돌아 가자마자, 바람은 요술을 부린 듯 파도를 끌어안고 고요한 인도양 속에 꼬리를 감추었다.

성난 사자처럼 달려들던 대서양의 거친 파도가, 곶을 경계로 어찌 한순간에 순한 양같이 평온한 인도양이 된단 말인가. 눈앞에서 두 대양의 변화무쌍함을 보고도 믿기지 않아 보고 또 보았다. 아프리카 땅 끝, 희망봉에 서서 대서양과 인도양을 한눈에 바라볼 수 있다니 감동이 파도처럼 밀려왔다.

언제부터인가 희망봉이 있는 그곳에 가고 싶었다. 드디어 2013년 7월에 아프리카 여행을 떠나게 되었다. 인천공항에서 이틀 만에 남아프리카공화국 케이프타운에 도착했다. 그곳은 남위 34도로 겨울이었지만 우리나라 가을처럼 선선하였다. 다음 날 케이프 반도를 따라 희망봉을 찾아 나섰다. 사방으로 암벽이 우뚝 솟아 있고 산꼭대기가 탁자처럼 평평한 케이프타운의 명물 테이블마운틴. 그 산을 중심으로 깎아지른 절경을 빙 돌아 바닷가로 접어들었다. 해안가로 이어지는 둥그런 방갈로와 하얀 모래사장, 옥빛바다는 아름다운 휴양지 풍경이었다. 희망봉 가까이 다가가자 여러 가지 선인장으로 덮인 들판은 색다른 풍경이었다. 끝없이 이어지는 푸른 평원에서 홀연히 나타난 타조의 껑충거리는 걸음은 웃음을 자아내게 했다.

희망봉 입구에 도착하여 먼저 케이프 포인트 언덕에 올랐다. 오솔길 가로 노란 꽃들이 화사하게 피어 있었다. 등대가 있는 곳에서 발아래를 굽어보니 망망대해에서 밀려온 물결이, 절벽을 끌어안고 폭포가 되어 허공으로 치솟았다. 저만치 보이는 희망봉까지 해안을 따라 하얀 파도와 에메랄드빛 바닷물이 어우러져 신비로운 빛깔로 일렁거렸다.

희망봉! 이 단어로 인해 나는 킬리만자로와 같이 높은 산을 상상했었다. 막상 눈앞에 보이는 희망봉은 산이 아니라 한눈에 꼭대기가 바라다보이는 나지막한 언덕이었다. 처음 발견하였을 때는 이곳을 '폭풍의 곶'이라고 했단다. 이름처럼 이곳은 바람이 쉴 새 없이 불어 풍랑이 심했다. 과거 동서양을 왕래하던 범선들이 희망봉 부근에서 거센 폭풍에 휘말려 좌초하거나 침몰이 많았다고 한다. 이름 때문에 폭풍이 심하다 하여, 포르투갈 왕이 희망곶(The Cape of Good Hope)이라고 다시 명명하여 현재까지 불리고 있다.

오랜 기다림 뒤에 밟아보는 미지의 대륙 아프리카. 문명보다는 태고의 신비가 살아 숨 쉬는 땅. 마침내 발을 딛고 올라간 아프리카 땅 끝 희망봉이었다. 영화 〈80일간의 세계 일주〉를 보고 젊은 날 동경했던, 세계 여행을 소망하고 계획하여 희망봉까지 오는 데 이십 년이나 걸렸다. 아프리카를 마지막으로 육대주를 돌아보았다. 육 대륙을 몇 개의 나라로 묶어 두루 다니며 오십여 개국에 이르는 나라를 여행하였다. 꿈꾸던 세계 여행을 열정과 용기로 현실로 만들었다. 아직도 가지 못한 나라가 더 많지만, 세계의 삼대 폭포, 삼대 미항, 삼대 박물관, 수많은 세계유산 등을 돌아보았다. 우물 안의 개구리가 세상 구경하며 지구는 넓고 아름답다는 사실을 온몸으로 느꼈다. 여행을 하면 수려한 풍경도 가슴에 남지만 그 나라의 역사와 지리, 문화까지도 새롭게 배우게 된다. 여행의 아름다운 추억은 일상의 활력소가 되어 내 생을 더욱 풍성하게 한다.

희망봉 꼭대기에서 두 대양이 펼쳐진 망망대해를 바라보니 마음이 한없이 넓어지는 것 같았다. 먼 나라에 다녀오는 1부 세계 일주를 마치고, 이제 2부 온 누리 여행으로 가까운 나라를 찾아 가려고 한다. 희망봉 하늘가에 햇무리가 떠 있다. 바다가 태양을 물들였나 보다. 바다처럼 멀리멀리 퍼져가는 물결이 되어 새로운 세상에 물들어 보리라.

희망봉 언덕을 내려오는데 그 옛날 '폭풍의 곶'이라는 말에 걸맞게 바람이 거세게 불어 몸을 제대로 가눌 수가 없었다. 바람에 흔들리며 가는 삶일지라도. 희망봉에서 나는 또 다른 소망을 안고 거센 바람을 온몸으로 막으며 해안가로 내려왔다. 아스라이 보이는 수평선 너머 드넓은 세상. 지구 저편을 찾아 떠나려 한다.

(2013. 8.)

불덩이

용이 내뿜는 불꽃이 기염을 토하며 화살같이 내닫는다. 뒤를 이어 또 하나의 불덩이가 기차처럼 달려간다. 나도 열기 속을 헤치며 불덩이를 쫓아갔다. 꼬리를 이어 내달리는 불, 불, 불덩이들. 마치 화산이 폭발하여 용암이 흐르는 듯하다. 커다란 불덩이들은 쏜살같이 내달리다 지쳤는지 이따금 하얀 입김을 내뿜으며 거친 숨을 몰아쉰다.

한참을 내달리던 새빨간 불덩이들은 점점 작아지더니 어디론가 사라지고, 커다란 달팽이 모양의 회색빛 물체가 눈앞에 나타났다. 그것은 철판을 감아 놓은 원통이었다. 커다란 불덩이가 물줄기와 만나면서 점차 얇아지다가 순식간에 사라지고, 은회색 철판으로 변

신하는 불의 연출은 한마디로 예술이었다. 마법사가 지팡이를 휘두른들 이토록 수많은 불덩이를 삽시간에 철로 만들 수 있을까?

여수 가는 길에 광양제철소에 들렀다. 이곳은 단일 제철소로는 세계 최대로 연간 천만 톤의 철을 만든다고 한다. 내 눈앞에서 펼쳐지는 불덩이의 향연을 보니 최대라는 말이 실감났다. 붉은 쇳물인 불덩이가 내달려 순식간에 철판으로 변하는 과정은 요술과도 같았다. 자원이 부족한 우리는 철광석과 석탄을 수입하여 최첨단 설비로 철판을 만들어 국내의 자급자족은 물론 세계로 수출하고 있다. 순전히 우리 기술의 힘으로 철의 강국이 된 우리나라가 자랑스러웠다.

수필 행사로 버스를 타고 가는 동안 처음 보는 사람들은 낯설었지만, 서로 이야기하며 웃음꽃이 피니 그들이 친숙하게 다가왔다. 사람이 처음 만나면 눈에 보이지 않는 벽을 만들고 살며시 쪽문을 열어 상대를 탐색한다. 그러다 마음의 문이 열리면 서서히 벽을 허물고 가까워진다. 불이 철을 녹이듯, 사람도 마음속에 따뜻한 불덩이가 있어야 상대의 마음을 녹여 벽을 넘어서 친구가 되리라.

불을 사용하면서 인류 문명은 발달하였다. 인간은 구석기 시대의 자바인부터 불을 사용하였다고 한다. 철광석을 불로 녹여 철기를 만들면서 인류 문명은 급격히 발전하여 농경 사회가 되고 전쟁으로 영토를 넓혀갔다. 대장장이가 무엇을 만드느냐에 따라 철은 전쟁의 무기가 되기도 하고 생명의 농기구가 되기도 한다.

똑같은 철이라도 대장장이의 담금질에 따라 농기구와 무기로 갈리듯이, 사람들도 마음속의 불덩이를 어떻게 다루느냐에 따라 행복과 불행으로 갈린다. 마음의 불덩이를 열정으로 만드는 사람은 자신과 세상에 도움을 주는 긍정적인 사람이다. 반면에 마음의 불덩이를 화로 분출하는 사람은 세상에 대한 원망이 쌓여 사회에 피해를 주는 부정적인 사람이다.

긍정적인 사람은 모든 일에 신념을 가지고 열정적으로 행동하기에 언젠가 꿈을 이룬다. 그리하여 주위 사람들에게도 희망과 행복을 가져다준다. 가수 김장훈 씨는 ≪뉴욕타임즈≫에 〈독도는 우리땅〉이라는 공익광고를 싣기도 하고 병든 어린이, 불우한 이웃돕기 등에 공연으로 번 수익금 150억 원을 기부하였다. 또한 중국, 미국 공연 수익금을 그곳의 불우한 사람들에게 전액 기부한 점이 인정되어 오바마 대통령으로부터 '자원봉사 상'을 받기도 했다. 그는 대한민국을 격상시키고 따뜻한 나라임을 알리고 싶어서 기부했다고 한다. 김장훈은 자신의 꿈을 정열로 불태워 주위를 환하게 밝히는 촛불과도 같은 긍정의 힘으로 세상이 다 인정하는 '기부천사'가 되었다. 이러한 소식은 우리에게 자긍심과 감동을 준다.

이와 반대로 부정적인 사람은 자신의 부족함을 사회에 대한 원망으로 돌리고 좌절한다. 그리하여 가족과 주변에 피해와 불행을 초래하고야 만다. 얼마 전 서울 시내 한복판에서 자신을 험담한 전 직장동료와 길 가던 사람을 향해 흉기를 휘두른 사건, 지하철에서 침을 뱉었다는 사소한 시비 끝에 죄 없는 사람을 다치게 한 일 등. 이처럼 이유가 불분명한 묻지 마 범죄는 반사회적 인간이 저지르는 황당한 사건들이다. 이들은 부정적인 사고로 오랫동안 사회를 향한 원망이 반항심으로 굳어져, 세상에 분풀이를 하여 무고한 시민에게 피해를 준다. 이러한 일들로 인해 사람들은 서로 믿지 못하고, 점점 인정이 메마르는 사회로 변해 가는 것이 안타깝다.

예전에 어머니들은 속상해도 참고 참아 가슴속에 화가 쌓여 화병, 즉 가슴이 아프다 하여 '가슴앓이'라는 병이 들었다. 혼자서 고통을 감내하다 화병이 들지언정 주변 사람들에게 해를 끼치지 않으려 했다. 그런데 요즘 세상은 치열한 경쟁에 시달리며 스트레스를 너무 받아서인지 일부 사람들은 마음속 불평을 세상에 불덩이로 마구 던져 화풀이한다. 그리하여 선량한 시민을 돌이킬 수 없는 비극 속으로 내몬다. 이처럼 소외된 사람의 마음에 깊은 상처가 분노로 폭발하여 우리 사회를 불안하게 하고 어지럽히는 것이다. 옛사람처럼 웬만한 불만은 스스로 삭히며 마음을 다스린다면 세상에 해를 끼치는 불의의 참상은 일어나지 않으리라.

가족과 이웃이 트라우마가 있는 사람에게 관심을 쏟으며 배려하고 그들의 마음에 상처를 사랑으로 감싸서 더불어 살아간다면, 이 세상은 좀 더 마음 편한 사회가 될 것이다. 불과 철이 만나 조화를 이룬 불덩이가 철판이 되어 유용한 새로운 물건을 만들어내듯이,

우리도 마음의 불덩이를 잘 다스려 긍정적인 열정으로 승화시킬 때, 좀 더 아름답고 따뜻한 세상이 되리라.

(2012. 7.)

파랑새의 노래

옛날 내가 살던 동네 건너편에 영화에서나 보던 멋진 양옥들이 새로 들어섰다. 큰길을 사이에 두고 우리 동네는 지붕이 다닥다닥 붙어 있어서 서울의 달동네를 연상시켰다. 도로를 경계로 산뜻한 이층집과 우중충한 집은 삶의 빛과 그림자처럼 대조적인 풍광이었다. 오가며 길 건너 산뜻한 유럽풍 주택을 부러운 듯 동네 친구들과 바라보았다. 언젠가는 나도 저런 멋진 집에 살겠다고 동무에게 다짐하듯 말했었다.

나는 지붕이 뾰족한 그림 같은 집을 꿈꾸기 시작했다. 내 집 마련 작전은 결혼하자마자 바로 7개년 계획을 세워 행동에 들어갔다. 신혼집은 아이들 돌보기 좋은 곳으로 직장 가까운 데로 구했다.

그때 내가 얻은 시골집은 두 칸 방 행랑채로 쇠죽 쑤는 가마솥이 걸린 허술한 곳이었다. 부엌문이 없어 천막으로 가리고 살았다. 눈보라가 몰아치는 겨울에는 두꺼운 스웨터에 목도리, 버선까지 신어야 부엌에서 밥을 지을 수가 있었다. 그 집이 얼마나 추웠던지 발이 동상에 걸렸다. 지금도 겨울만 되면 가끔 옛날 생각이 나는지 발바닥이 가렵다.

언덕 위의 그 집은 흙벽으로 바람이 숭숭 들어와 방안에서도 손이 시렸다. 그곳에서 삼 년을 사는 동안 연년생으로 딸, 아들을 낳았는데 겨울 지내기가 무척 힘들었다. 찬바람이 들어와 실내에서도 아기들 손은 빨갛게 곱아 있었다. 방안에서도 우주복을 입히고 장갑을 끼워 아이들을 키웠다. 그래도 애들은 감기도 잘 안 걸리고 무럭무럭 잘 자라 주었다. 저녁 무렵 자전거 소리가 딸랑딸랑 울리면 아이들은 툇마루로 달려나가 방방 뛰며 아빠를 반겼다. 찬바람에 귀가 빨개진 그이는 애들을 양손에 안고 환한 미소를 지으며 방으로 들어왔다. 남편이 아기들을 번갈아 무릎 위에 올려놓고 태워주노라면 애들 웃음소리에 방안은 어느덧 봄바람이 불어 훈훈해졌다.

남편은 옆 학교에 근무했는데 자전거로 출퇴근하였다. 교통비를 아끼려면 자전거가 최고였다. 꿈에 그리던 집장만에 올인하느라 집안 경제도 꽁꽁 얼어붙었다. 목돈 마련을 위해 쌀 계도 들고 적금도 들었다. 둘이 월급을 타면 대부분 저금을 하니 생활비가 별로 없었다. 그 시절엔 휴대전화, 자가용도 없고 집세도 아주 싸서 절약하면 얼마든지 가계를 꾸릴 수 있었다. 난방비는 땔나무를 사서 가마솥에 물을 데워 쓰고 방을 데우니 큰돈이 들지 않았다. 그때는 김장을 배추 한 접씩 하였다. 겨우내 김치찌개, 김치전을 해먹으며 반찬값을 아끼려니 많이 할 수밖에 없었다. 돼지고기 한 근을 사면 여러 번 나누어 찌개를 해먹었다. 콩나물국을 끓이면 건더기는 건져 나물 무침을 하여 남편 도시락을 쌌다. 지금은 입고 싶은 옷도 사고 나름 멋을 내지만, 결혼하여 삼 년 동안 옷 한 벌 사지 않았다. 금방 자라는 애들 옷은 무주 장날에 싼값에 사 입혔다. 그 흔한 유모차 한 대 없이 아이 둘을 키웠다.

남편의 용돈은 2만 원으로 묶여 칠 년간 제자리였다. 무리하게 적금을 많이 붓다 보니 우리를 위해 쓸 돈이 없었다. 뻔한 그 형편을 알고 남편도 절약에 동참했다. 만일 그이의 적극적인 협조가 없었다면 주택 마련은 훨씬 미뤄졌을 것이다. 나의 지상 목표인 멋진 집을 사려면 사소한 욕심은 버려야 했다. 홀로 사는 친정어머니께 생활비도 드려야 하고 장남인 남편도 동생들이 많으니 우리 스스로 집을 사야만 했다. 아끼고 살지 않으면 집을 언제 살지 모르기 때문이었다.

그 시절 우리 아이들을 돌봐준 고모랑 함께 다섯 식구의 유일한 호사는 전주로 나가서 목욕하고 짜장면을 먹는 일이었다. 모처럼 짜장면을 먹는 고모와 아이들 얼굴엔 즐거움이 넘쳤다. 절약하는 우리 집에 있는 동안 사고 싶은 것도 많았을 텐데, 참고 아끼며 살아준 고모가 새삼 고맙게 느껴진다. 나이도 어린 아가씨가 조카들을 얼마나 귀여워했는지 아이들은 해바라기처럼 밝게 자랐다. 사랑으로 애들을 돌봐준 고모의 따뜻한 마음, 그 정을 잊지 못하여 가끔 그때 이야기를 하며 우리는 막내 고모를 그리워한다. 자전거를 산 지 몇 년 뒤 오토바이를 샀다. 설날에 시댁에 다녀올 때, 버스 정류장에서 내리면 택시비를 아끼려고 다섯 명이 고추바람에 얼굴을 싸매고 꼭 붙어 앉아 오토바이를 타고 집까지 갔다. 그 정도까지는 하지 않아도 내 집 마련을 하였으련만. 하루라도 빨리 멋진 집을 사고 싶은 심정에 그토록 아끼며 삶을 꾸렸다.

현대판 자린고비 생활을 한 결과 '내 집 마련 7개년 프로젝트'가 드디어 성공을 거두었다. 꿈에 그리던 유럽풍 양옥집을 사들인 것이다. 누구의 도움도 없이 우리 부부의 힘만으로 원하던 집을 장만했을 때, 그 기쁨이란 천하를 얻은 것 같았다. 자수성가를 이루었기에 즐거움이 더 컸는지도 모른다. 요즘 부모가 결혼하자마자 집을 사주는 일부 젊은이들은 우리처럼 하늘을 나는 기쁨을 모르리라. 고생하지 않고 편하게 집을 구하여 좋을지는 모르나 정신적인 충족감은 자신이 집을 샀을 때의 즐거움에 감히 따라오지 못하리라.

고대하던 우리의 멋진 집으로 들어서니 어디선가 파랑새가 지저귀는 듯했다. 꿈에 그리던 집에 밝은 햇살 가득하니, 이게 바로 행복을 노래하는 파랑새가 사는 낙원이 아닌가. 돌이켜보니 집을 사기 위해 아끼며 살았던 그 시절까지도 그리움으로 다가온다. 비록 물질적으로는 풍족하지 못했을지라도 시골집엔 귀여운 아이들 웃음소리가 그칠 날이 없었다. 그곳에도 파랑새가 살고 있었나 보다.

지금 옛날에 비하여 열 배 좋은 집에 산다고 훨씬 기쁜 것은 아닌 듯싶다. 파랑새가 노래하는 행복은 마음속에 있기 때문이다.

(2013. 1.)

신화가 살아 있는 땅

하늘이 잿빛으로 낮게 가라앉았다. 날이 깨어나길 바라며 답삿길에 올랐다. 언제부턴가 참성단에 가보고 싶었다. 강화도는 몇 번 갔는데 마니산 정상에 있는 참성단엔 갈 기회가 없었다. 마침 오늘 박물관 답사 일정에 참성단이 들어 있어 꼭 가보리라 생각했다. 강화도에 도착하니 비가 내리고 있었다. 빗속을 뚫고 마니산으로 향했다.

추적추적 내리던 비가 참성단에 오를 때는 제법 세차게 내렸다. 일행 중 일부는 산행을 포기했으나, 끊임없이 내리는 빗줄기도 우리 갈 길을 막지는 못했다. 친구와 둘이서 그동안 밀린 정담을 나누며 가니 빗길이라도 힘든 줄 모르고 올라갔다. 단지 구름이 시야를 가려 굽이굽이 서해를 낀 마니산의 풍광을 볼 수 없다는 점이 아쉬웠다. 해발 492m로 그리 높은 산은 아니지만 경사가 급하여 두 시간 정도 걸려 마니산 정상에 당도하였다.

다행히 비가 잠시 그쳐 산꼭대기 모습이 어렴풋이 나타났다. 물안개 속에 드러난 참성단은 왠지 신비롭고 신성하기까지 했다. 신화 속의 단군 할아버지가 신을 향해 제사를 올리는 모습이 뿌연 운무 속에 아른거리는 듯했다. 단군이 마니산에 참성단을 쌓아 하늘에 제를 지내게 된 데는 이곳이 정결하고 장엄하기 때문이 아니었을까?

상고 시대부터 단군이 쌓은 제단으로 전해오는 참성단은, 인조와 숙종 시대에 중수하여 지금까지 보존되었다. 여러 번의 보수로 인하여 지금은 고대의 흔적은 찾아보기 어렵고, 자연석으로 쌓은 네모난 제단만이 남아 있었다. 사적 136호인 참성단에서는 해마다 개천절에 제천행사가 거행되며, 전국체전의 성화는 이곳에서 태양열을 이용하여 붙인다. 마니산은 신성한 장소로 우리나라에서 기운이 가장 센 곳이라고 전해진다. 참성단 입구에 서 있는 소사나무를 배경으로 사진을 찍었다. 이 나무는 왠지 신단수가 되어 참성단에 모인 영험한 기운을 오래도록 간직할 것만 같았다.

세계사를 보면 나라마다 신화가 많다. 우리가 잘 아는 그리스 신화에서 제우스 신은 올림포스 산에서 세상을 굽어보며 인간을 다스렸다. 또한, 여러 신이 양쪽으로 갈려 인간 편을 들며 전쟁을 벌이는 ≪트로이 목마≫는 신비로운 역사 이야기로 지금도 사람들의 관심을 불러일으키고 있다. 로마신화, 이집트 신화, 페르시아 신화, 인디안 신화 등 참으로 많은 신화가 나라마다 존재한다. 이처럼 동서양을 막론하고 사람들은 자기 조상이 절대적인 존재인 신이길 바라는 마음에서 신화가 탄생했다. 그리고 그들의 신을 조각하고 보존한 장소가 지금은 세계문화유산에 등재된 곳도 많다. 또한 다른 나라는 신들의 신화를 책으로 펴내 사람들이 즐겨 읽는 전설 속의 역사로 만든다. 그러면 우리는 고대신화를 어떻게 생각할까?

환웅이 웅녀와 혼인하여 탄생한 단군이 세운 나라 고조선. 우리 민족의 시조에 대하여 일부 종교인들은 우상숭배라는 이유로 단군 동상을 부수고 신화를 부정하기도 한다. 외국에서는 종교가 있어도 자기 민족의 고대신화를 부정하거나 문화재를 훼손하는 일은 드물다고 한다. 하물며 반만년을 전해 내려오는 역사 속의 단군신화를 비하하고 우리의 시조를 우습게 여기다니 안타까운 일이다. 서양문명에 물들어 외국의 신화는 아름답고 신비하다고 생각한다. 반면에 우리의 신화는 우상숭배나 토속신앙 정도로 왜곡하는 일부 사람들의 태도는 한민족의 자긍심이 부족하기 때문이리라. 건국신화는 그냥 우리 민족의 신비로운 이야기로 남겨 두면 좋지 않을까.

비가 갠 하늘가로 참성단 주변을 바라보니 저 멀리 바다가 아스라이 보이고 가까운 능선에서는 등산객들이 손을 흔들고 있었다.

우뚝 솟은 마니산 정상에 세워진 참성단. 한민족의 태초 신화가 피어나는 산꼭대기. 이곳에서 반만년 전 단군왕검은 하늘에 무엇을 기원하였을까?

'널리 인간을 이롭게 하라.'는 홍익인간의 이념으로 모든 백성이 행복하고 평화롭기를 기원했으리라. 이 시대의 지도자들도 널리 인간을 이롭게 하는 정치를 편다면 대한민국은 얼마나 좋은 나라가 될까. 언젠가는 그런 날이 오리라.

참성단을 뒤로하고 가까운 석모도로 배를 타고 들어갔다. 처음 가보는 그곳에는 무엇이 있을까? 낙산사, 보리암과 더불어 3대 해상기도 도량인 보문사로 들어섰다. 맨 먼저 사람들의 시선을 모은 것은 널따란 암반에 새긴 누워 있는 거대한 불상이었다. 이곳에서 기도하면 효험이 있다고 하여 사람들이 끊임없이 와불상을 돌고 있었다. 강화도 일대는 고조선 이래로 사람들이 기원하는 장소로 영험한가 보다. 보문사 뒷길로 올라 커다란 바위에 새겨진 마애불상을 보았다. 높디높은 암벽에다가 옷자락의 주름까지 어찌 그리 섬세하게 새길 수 있을까. 아마도 마니산에서 전해오는 신성한 기운이 전해져 신기에 가까운 솜씨로 조각하였나 보다.

석모도에서 하룻밤을 보내고 다음 날 다시 강화도로 나왔다. 강화도에는 고려시대 몽골의 침략 때 수도를 강화도로 옮기고 몽골군과 대치하면서 나라를 지킨 투쟁의 역사가 있다. 조선시대에도 병인양요와 신미양요를 겪으며 서양 세력과 끝까지 맞서 그들을 물리친 구국의 장소다. 강화도는 섬이지만 우리 민족이 외세의 침입을 받을 때마다 용감히 싸워 나라의 명맥을 잇게 해준 역사 깊은 땅이다. 그것은 아마도 한민족을 감싸는 단군의 신령스런 기운이 이 땅을 감싸고 있기 때문인지도 모른다. 마니산에서 남쪽으로 이어진 정족산 삼랑성 안에 자리 잡은 전등사에 들렀다. 숙종 때부터 ≪조선왕조실록≫을 보관하였으며, 병인양요 후에는 승병을 두어 이곳을 지켰다. 나라가 국난을 겪을 때마다, 전등사는 민심을 안정시키고 민족의 자주성을 지키는 호국성지 역할을 했다.

절 마당에서 멀리 마니산이 있는 푸른 하늘을 바라보았다. 신화가 살아 있는 마니산. 단군신화를 간직한 참성단이 영원히 남아 한민족에게 드높은 기상을 전해주었으면 하는 마음 간절했다.

(2012. 9.)

행복으로 가는 길

새해 첫날 '행복의 조건'이라는 주제로 텔레비전에서 온종일 생방송을 했다. 국민들과 직접 인터뷰하며 방영하는 걸 보니, 이 시대의 가장 큰 화두가 행복인가 보다. 어릴 적에는 집과 먹을 것만 있으면 만족했다. 요즘은 행복해지는 데 조건도 많다.

사람은 누구나 행복을 원한다. 사전에서 행복은 '흐뭇하도록 만족하여 부족함이나 불만이 없음'이라고 풀이하고 있다. 쉽게 말하면 스스로 만족하면 행복이다. 그런데 우리나라는 행복하다고 생각하는 사람들이 많지 않다. 그것은 자신의 삶에 만족하지 못하기 때문이다. 해마다 나오는 대한민국 행복지수는 세계에서 거의 하위수준이다. 그러면 우리의 생세수준이 낮아서 행복하지 않을까?

통계를 보면 우리나라는 1964년도 1인당 국민소득이 120달러였는데 지금은 2만 달러가 넘었다. 수치상으로 본다면 반세기 만에 거의 이백 배 잘살게 되었다. 옛날보다 지금 사람들은 매우 행복해야 한다. 어찌된 일인지 지금은 옛날 보다 훨씬 잘사는데도 불구하고 행복한 사람이 많지 않다니 안타까운 일이다.

행복은 경제순이 아닌가 보다. 생존문제가 해결되고 나면 행복은 전혀 다른 요소들에 의해 영향을 받는다고 한다. 실제로 세계에서 국민 대부분이 행복해하는 나라는 개인소득 이천 달러 정도인 부탄왕국이다. 히말라야 산맥지대에 있는 부탄 사람들은 자연에 순응하며 현실에 만족하며 산다고 한다. 국왕은 국민을 행복하게 해주는 것이 목표이고, 정부는 교육과 병원진료를 무료로 한다. 국가가 국민의 불안 요소를 찾아 해결해주고 사람들은 정부를 믿고 따르니 마음이 편안하여 부탄 사람들은 행복한가 보다.

우리는 좋은 집에 최고 학벌, 좋은 직업 등 가지고 싶은 것도 많다. 부탄보다 열 배나 물질적으로 풍요로우면서도 끝없는 욕심 때문에 만족하지 못한다. 우리나라는 사회적 행복 요소가 빈부격차, 고용률, 국민소득, 자살률순으로 되어 있다. 이러한 요구조건을 볼 때 우리 사회가 그만큼 불안한가 보다.

부의 편중 현상으로 상대적 박탈감을 가진 사람들은 불행하다고 생각한다. 일자리도 없고 미래가 보이지 않는 암울한 청년들이 있고, 질병과 빈곤에 시달리다 자살하는 노인의 수가 하루 42명으로 자살률 세계 1위다. 더 많은 소득을 끊임없이 추구하는 삶은 행복을 가져다주기는커녕 오히려 불평등과 불행을 초래하고 있다. 옛날 웃어른을 공경하는 동방예의지국이었던 우리가 오늘날 노인을 죽음으로 내모는 도덕이 땅에 떨어진 나라가 되고 말았다. 이 얼마나 부끄러운 일인가?

이제는 나와 내 가족만 행복하면 된다는 이기적인 생각에서 벗어나, 더불어 살아가는 국민의식의 전환이 필요하다. 뉴스에서 사회적 보호 사각지대 사람들이 불행한 일을 당할 때마다 마음이 아프다. 이제는 같은 나라 사람으로서 사회적 약자에게 측은지심을 가지고 인간이 인간답게 살 수 있도록 손을 내밀어야 하지 않을까? 보호가 절실한 사람을 찾아 도와주는 정부의 제도도 필요하지만, 주변에 어려운 사람이 있는지 살펴보는 이웃의 따뜻한 관심이 요구되는 때다. 정부와 국민이 모두 한마음으로 사회적 약자를 돕고 빈부격차를 줄여야, 사회적 불안 요소가 줄어 국민 다수가 행복한 나라가 될 것이다.

행복은 개인과 사회생활의 균형이 맞아야 한다. 먼저 개인의 생존을 위한 물질적 욕구가 충족되고, 가족과 친지, 공동체가 서로 돕는 관계가 잘 유지되어야 행복할 수 있다. 이러한 균형이 깨졌을 때 인간은 불행해진다. 경제가 성장하면서 소득증대를 최우선으로 생각하다 보니, 예전에 이웃끼리 힘든 일이 있을 때 서로 돕는 마을의 좋은 풍습인 두레 정신이 사라지고 말았다. 언제부터 우리는 자기 일만 하며 앞만 보고 달리는 말이 되었단 말인가?

러시아 작가 솔제니친의 ≪암 병동≫에 이런 이야기가 있다. 신이 모든 동물에게 50년 수명을 주고 남은 25년을 인간에게 주었다. 인간이 화를 내자 동물들에게 가서 구해 보라고 했다. 말과 개, 원숭이가 각각 25년을 주어서 인간은 백 년 수명이 되었다. 그러자 신은 '너는 처음 25년은 인간으로 살고 다음은 말처럼 일하고, 나머지는 개처럼 짖고 원숭이처럼 웃음거리로 살아라.'라고 했단다. 인간과 말로 사는 오십 년은 이미 지났고, 앞으로 어떻게 살아야 할 것인가? 지금까지는 나와 가족만을 위해 말처럼 앞만 보고 달려왔으니, 이제는 주위도 돌아보며 따뜻한 나눔의 손길을 내밀 때이다. 인간의 욕심 때문에 덤으로 받은 남은 생은, 이웃과 더불어 행복을 공유할 수 있도록 소통하고 사랑하며 살아가야 하리라.

우리나라 사람들은 행복하면 떠오르는 이미지가 가족, 건강, 돈, 명예, 외모순으로 나타났다. 이러한 요소들은 노력에 의해서만 되는 일이 아니다. 이미 태어날 때부터 정해진 것도 있다. 행복을 조건으로 찾으려 하면 멀리 날아갈 것이다.

행복을 단순화시켜 생각하면 어떨까? 조건과 상관없이 자신이 만족하면 행복이 아닌가. 배가 고플 때 밥을 먹으면 그게 바로 행복이다. 일할 때도 열정을 다하면 성취감에 만족한다. 피곤할 때는 잠깐 쉬면서 아름다운 음악을 듣는 것도 그 순간 행복이다. 세상이 나를 힘들게 할 때, 친구를 만나 얘기하며 위로 받고 공감해주면 얼마나 마음이 편안해지는가. 혼자 있을 때는 책을 읽으면 생각이 풍요로워지고 마음이 정화되어서 좋다. 시간 날 때 산에 가면 자연 속에서 심신이 맑아지니 얼마나 기분이 상쾌한가. 자신이 하는 일을 긍정적으로 하다 보면 행복한 미소가 입가에 피어오른다.

냄새도 없으며 들리지도 볼 수도 없는 행복은 오로지 마음으로만 느낄 수 있다. 행복하려면 어린아이처럼 순수한 마음이 필요하다. 동심으로 돌아가 작은 일에도 즐거워하면 하루에도 행복이 수시로 나를 찾아온다. 나의 친절한 미소로 주변 사람까지 즐거워진다면 더욱 행복하리라. 오늘도 사소한 일로 순간순간 만족하는 행복한 하루를 시작해보련다.

(2013. 1.)

시공을 넘나드는 공연의 감동

말로만 듣던 소극장에 가게 되었다. 연극을 보러 가자고 친구에게서 갑자기 전화가 왔다. 마음을 포근하게 하는 정이 가는 벗이라 사소한 일은 미뤄두고 공연장으로 갔다. 친구와 모처럼 만나 웃음의 실타래를 길바닥에 풀며 소극장에 도착했다. 연극에 대한 기대를 안고 입구에 들어섰다. 그러나 문전박대를 당하고 말았다. 사람들이 꽉 차서 입장할 수가 없단다. 어찌 이런 일이 있단 말인가?

요즈음 서울에서는 연말에 소극장에서 연극을 본 뒤 식사를 하는 송년의 밤이 유행이라더니 벌써 이곳까지 그 물결이 밀려왔단 말인가. 시간을 쪼개서 겨우 왔는데 들어가지도 못하다니 조금은 황당했다. 오랜만의 만남이라 그냥 가기는 아쉬워 입구에서 잠시 서성거리고 있었다. 담당자가 미안했는지 들어가라고 했다. 극장 안에 들어서니 사람들로 붐벼서 안쪽으로는 아예 발을 들이지도 못하고 뒤에 서 있었다. 관계자의 배려로 보조의자가 들어왔다. 의자에 앉으니 얼마나 편한지 미소가 절로 나왔다. 무언가 부족해봐야 작은 일에도 감사하는 겸손한 마음이 생기나 보다.

실내는 좁은 공간에 어린이들까지 있어서 시골 장터같이 소란스러웠다. 소리문화의전당에서 발레 〈백조의 호수〉를 볼 때의 조용한 분위기와는 전혀 달랐다. 그래도 왠지 이 분위기가 싫지 않았다. 교양으로 무장하여 숨소리조차 부담스러운 정숙한 그곳에 비하면, 이곳은 오히려 사람 냄새가 물씬 나는 소박한 마당놀이 같아서였다. 떠들썩한 분위기에 젖으니 아련히 그 옛날 공연을 보던 일이 떠올랐다.

어렸을 적 우리 동네에 있는 공설운동장의 가설무대에 비하면 이 정도 소란은 아무것도 아니다. 어쩌다 '시민의 날'에 가수라도 와서 무료공연을 할 때면 사람들이 구름처럼 몰려왔다. 이리저리 밀리기도 하고 어른들 틈에서 까치발을 하고 구경을 하면서도, 공연이 올 때마다 새로운 기대감을 안고 보러 다녔다. 난리법석인 장내가 경찰의 제지로 겨우 조용해지면 노래가 시작되었다. 그때 무대 위의 가수들이 얼마나 멋졌는지 모른다.

그땐 아이들 볼거리가 별로 없었다. 가끔 공연단이 들어오면 새로운 볼거리에 눈이 휘둥그레져 구경 다녔다. 〈춘향전〉 같은 장극이 오면 공설운동장 한가운데에 멍석을 깔아놓고 공연을 했다. 앞자리에서 연극을 보려고 일찌감치 가서 멍석 둘레에 동무들과 오밀조밀 앉아 기다렸다. 지금 생각해보면 배우들을 코앞에서 볼 수 있는 마당극이었다. 춘향이가 변 사또의 수청을 거부하며 매 맞는 과정에서는 눈물을 흘리다가도, 어사또 출두 대목에선 모두 손뼉을 치며 웃어댔다. 울리기도 하고 웃기기도 하는 공연은 알라딘의 요술 램프처럼 나를 신이 나는 세상으로 데려다 주었다.

모처럼 공설운동장에 서커스가 들어오면, 입장료를 내고 들어갈 수 없으니 담장 위로 올라갔다. 멀리서 천막에 뚫린 구멍 사이로 오토바이를 타고 공중회전을 하는 모습을 가슴 졸이며 들여다보았다. 공연장 천막 밖에 있는 코끼리나 사자를 보며 서커스를 보고 싶은 마음을 달랬다. 책에서만 보았던 동물들을 실물로 보며 이국 땅을 막연히 상상하기도 했었다. 지금의 아이들은 편한 장소에서 좋은 공연을 보며 문화생활을 할 수 있으니 얼마나 다행인가. 오늘 불편하게 연극을 봐도 그 옛날에 비하면 사람들에게 떠밀리지 않고 보는 것만으로도 만족이었다.

어두컴컴한 무대에 불이 켜지자 〈노송동 엔젤〉이라는 극이 시작되었다. 카메라를 맨 기자가 '얼굴 없는 천사'에 대한 이야기를 뉴스처럼 진행하며 서막을 열었다. 기자는 객석에 있는 사람들과도 인터뷰를 하였다. 무대와 객석 사이의 거리가 좁다 보니 배우들 모습도 뚜렷이 보이고 마이크 없이 말해도 잘 들렸다. 관객과 배우가 대화하며 연극을 하니 호응도가 높았다.

이미 널리 알려진 연말 뉴스에 감초처럼 나오는 '얼굴 없는 천사'를 소재로 한 연극이었다. 누군가 십 년 넘게 많은 돈을 담은 종이 상자를 이웃돕기에 사용하라고 노송동사무소 근처에 몰래 갖다놓았다. 이 사실을 알고 실직자 둘이서 그 상자를 훔쳐가려는 과정에서 생긴 일을 그린 극이었다. 종이를 줍는 할머니가 천사 같은 손자를 위하여 열심히 사는 모습을 보고 한 도둑은 심경에 변화를 일으킨다. 돈 상자를 훔치지 않고 오히려 사회복지사와 함께 할머니와 손자를 돕는 사람으로 변했다. 그러자 박수소리가 터져 나왔다. 주범인 다른 도둑은 동네 사람들이 힘을 합하여 물리치고 노송동에는 평화가 찾아온다. 온 누리에 함박눈이 내리며 캐럴과 종소리가 울려 퍼지자 관객들도 함께 노래하며 연극은 끝났다. 실제 있는 이야기에 상상을 더하여 무대에 올리니 생생한 감동을 전해주는 연극이었다. 현실이 삭막하고 힘들지라도 얼굴 없는 천사 같은 사람들이 존재하는 한 세상은 살만한 곳이다.

공연을 보는 내내 배우들과 관객이 같이 울다 웃고 박수치며 공감하는 모습이 연극인지 현실인지 구분이 안 갈 정도였다. 그 옛날 우리 동네 사람들이 무료공연을 볼 때 다닥다닥 붙어서 울고 웃었던 그 시절, 그때처럼 오늘 소극장 공연도 사람들의 마음을 사로잡는 감동의 시간이었다.

(2011. 12.)

3부

〈리오데자이네루 항구〉 미항이라는 이름에 걸맞는 그림 같은 풍경이었다.

관솔불

추운 겨울 청솔가지를 때며 흘린 어머니의 눈물은, 관솔불로 타올라 그
겨울을 따뜻하게 보내었다.

관솔불

소나무 숲길로 접어들었다. 솔 내음이 싱그럽게 코끝에 스친다. 단풍은 찬란했던 가을을 추억으로 남기고 낙엽 되어 발아래서 바스락거린다. 아직도 여름의 태양을 품은 소나무는 푸르게 길섶에 서 있다. 산허리를 끼고 도는 이 길은 숲에 가렸다가 잠깐씩 저수지가 보여 마음마저 여유롭게 해준다. 솔잎이 깔린 오솔길을 사박사박 걷는 아늑한 느낌이 좋아 이따금 찾는 기린봉 산길이다.

구불구불 숲길을 걷다가 언덕배기에 앉아 한가로움을 길어 올린다. 호숫가의 모습이 액자 속의 풍경화가 되어 한눈에 다 들어온다. 이제 막 겨울이 열리는 저수지는 철새들이 한가롭게 노닐고 있다. 저수지 너머 *길맷빛 산등성이로 구름이 흘러가나 버뭇거린다. 아스라이 먼 산비탈로 어머니가 머리에 짐을 이고 오는 모습이 아른거린다.

어린 시절 어머니는 땔감을 구하러 이곳 기린봉을 자주 찾았다. 갈색 솔가리가 떨어지는 늦가을에는 갈퀴를 가지고 와서 긁어모아 포대에 담았다. 솔가리는 불을 붙이면 순식간에 사르르 타들어 조그마한 불꽃들이 아궁이를 가득 채웠다. 솔가리는 불땀이 좋지 않아 시나브로 타는 나무로 땔감을 마련해야 했다. 초겨울까지는 그럭저럭 야산에서 솔가리나 삭정이를 가지고 와서 아궁이를 달랬다. 찬바람이 불기 시작하면 어머니는 혼잣말인지 나에게 하는 말인지

"맨날 솥단지허고 내기헌다. 채독에 쌀이 있고 정지 간에 땔 것만 있으면 부자가 부럽덜 않겄고만."

중얼거리며 겨우살이 준비에 분주하셨다. 어머니의 소망은 너무나 소박하였다. 며칠 먹을 양식과 땔감만 있으면 세상 근심을 다 잊은 듯 흐뭇한 미소를 지었다.

겨울이 다가오면서 끝없이 불꽃을 갈구하는 아궁이의 성화에 못 이겨 어머니는 낫과 새끼줄을 가지고 기린봉 건너편 산으로 나무를 하러 갔다. 대개 남자들이 나무를 하지만 홀로 사는 어머니는 땔감도 혼자서 마련할 수밖에 없었다. 그 시절에도 이웃들은 아궁이를 연탄 화덕으로 바꾸고 있었지만, 땔감 값이라도 아끼려고 어머니는 나무꾼이 되어 산으로 갔다. 혼자 가기 버거운 날은 초등학생인 나를 데리고 갔다. 어머니는 나를 양지바른 도래솔 옆에 앉혀 놓고

산비탈을 오르내리며 나뭇가지를 꺾었다. 혼자 쪼그리고 앉아 해바라기를 하다가, 심심하면 나도 삭정이를 뚝뚝 잘라서 땔감에 보탰다. 어린 깜냥에 돕고 싶어서 어머니가 잘라 놓은 흩어진 나뭇가지를 주워 군데군데 모았다. 산비탈에서 내려온 어머니는 땔감을 모은 내가 대견하여 손뼉까지 치며

"아이구나! 내 강아지가 신통방통하게 요렇게나 나무를 많이 모았는가?"

곰살궂게 내 등을 다독이며 찬바람에 터서 깜밥이 된 손으로 나를 안아줬다. 산등성이의 매서운 바람도 어머니 품속에서는 맥을 추지 못했다. 세상의 바람막이가 되어주는 어머니의 가슴은 따뜻하고 아늑했다. 어머니의 *다솜으로 바람 부는 산자락에서도 나는 춥지 않았다.

어머니는 모아놓은 나뭇가지를 여러 둥치로 만들어 새끼줄로 묶었다.

"너부터 산 아래로 내려가거라. 엄마가 나무 다발을 아래로 굴리면 어디로 굴러가는지 잘 보거라."

어머니의 말대로 산 아래로 내려와 나무둥치가 굴러오는 것을 살피다가 큰소리로 알렸다. 나무둥치는 똑바로 굴러오기도 하고 나무에 걸리기도 하였다. 어머니는 나무 다발이 걸린 곳으로 내려와 다시 굴렸다. 그러기를 여러 번, 나무 덩이들이 모두 밑으로 모이면 어머니도 드디어 산기슭으로 내려왔다. 굴러온 나무둥치들을

한곳에 모아 새끼줄로 꽁꽁 묶었다. 한 덩어리로 묶은 나뭇짐을 비탈진 곳에 놓고 똬리를 머리에 얹은 다음 '어영차'하고 막힘을 쓰며 일어났다. 어디에서 그런 힘이 생길까. 내 눈에 엄마의 열 배는 됨 직한 나뭇짐을 머리에 이고 벌떡 일어섰으니 말이다. 따뜻한 방구들에 딸을 포근하게 잠재우려는 어머니의 사랑이 초인적인 힘을 솟아나게 했나 보다.

강추위로 방 문고리에 손이 쩍쩍 붙고, 윗목에 놓은 물이 외풍으로 얼어가는 밤엔 코끝이 시려 이불로 얼굴을 뒤집어쓰고 자는 한겨울. 부엌 구석에 쌓아놓은 나뭇단들이 아궁이의 한없는 욕망으로 바닥을 드러낼 때면, 겨울이라도 어머니는 땔감을 구하러 나갈 수밖에 없었다. 모처럼 바람도 별로 없는 날은 어머니가 산에 나무하러 가는 날이다. 추우니까 집에 있으라는 엄마의 말도 아랑곳하지 않고 나는 앞장서 갔다. 기린봉 모퉁이를 돌아가면 아중리 저수지가 긴 겨울 한파로 하얀 얼음으로 뒤덮여 있었다. 어린 눈으로 보는 호수는 끝이 보이지 않는 얼음 세상이었다. 하얀 얼음판은 어느덧 길이 되어 사람들이 종종걸음으로 오갔다. 빙판길로 가면 기린봉 너머 산까지 가로질러 금방 갈 수 있었다. 철없는 나는 신나게 얼음판에서 미끄럼을 타고 싶어서 엄마랑 겨울에 나무하러 가는 날이 좋았다. 하얀 빙판길을 엄마 손을 잡고 미끄럼을 타며 가노라면 얼마나 신이 났는지 모른다. 어머니는 아마도 힘겨운 삶의 무게로 비틀거리며 가는 얼음길이었으리라.

얼음길을 건너 산등성이에 올라가도 겨우내 집집마다 허기진 아궁이를 메우느라 나뭇가지들은 사라지고 없었다. 어머니는 궁하면 청솔가지도 꺾었다. 청솔가지는 마르지 않아 불도 잘 붙지 않았다. 어머니는 소나무에 박힌 관솔을 찾아서 작은 도끼같이 생긴 자귀로 쪼아서 떼어왔다. 관솔은 불땀이 세서 청솔가지도 불을 잘 붙게 하므로 불쏘시개로는 그만이었다.

아궁이에 청솔가지를 넣고 불을 붙이며 연기가 매워 눈물 흘리던 어머니. 그 눈물은 연기 때문만은 아니었으리. 혼자서 꾸려 가는 고달픈 하루하루가 서러워 흘린 눈물이었을 것이다. 삶이라는 나뭇짐을 머리에 이고 어머니는 곡예하듯 얼음길을 걸으셨다. 어머니가 온몸으로 모진 바람 눈서리를 막아주었기에 그 등에 기대어 나는 따뜻한 겨울을 보낼 수 있었다. 이제 어머니는 무거운 짐 내려놓고 한 줄기 바람 되어 먼 길을 떠나셨다.

송진 냄새가 바람결에 실려온다. 길섶의 해찬솔에 다가가 보니 찬바람에 갈라진 어머니 손등처럼, 껍질이 벗겨진 틈으로 송진이 방울방울 눈물같이 맺혀 있다. 그 옛날 어머니가 청솔가지를 태우며 흘린 눈물이 송진이 되어 흐르는 듯했다. 소나무는 상처가 나면 치유하려고 송진이 생긴다. 송진은 시간이 흐르면 옹이가 되어 담황색의 무늬가 박힌 관솔로 다시 태어난다. 소나무 상처의 아픔으로 생긴 관솔은 무늬를 살려 멋진 찻상이 되기도 하고, 어두운 곳을 밝히는 관솔불이 되기도 한다. 사람도 자신의 상처를 끌어안고 몸부림치다 소멸하는 자가 있는가 하면, 아픔을 승화시켜 사랑으로 주위를 환하게 밝히는 관솔불 같은 사람이 있다.

추운 겨울 청솔가지를 때며 흘린 어머니의 눈물은, 관솔불로 타올라 그 겨울을 따뜻하게 보내었다. 어머니의 시린 사랑이 세월의 더께로 내 가슴에 아름다운 무늬가 새겨진 관솔로 되살아나, 주위를 따뜻하게 감싸는 사랑으로 피어났으면 싶다.

(2011. 11.)

*갈맷빛 – 멀리 보이는 아득한 산빛. 검은 빛깔이 돌 정도로 짙은 초록빛.

*다솜 – 사랑의 순우리말

꿈과 한을 품은 태백산맥

벌교로 가는 길가 산자락엔 눈이 하얗게 쌓였다. 텔레비전에서 〈한국의 재발견〉을 보는데 벌교가 나왔다. 벌교하면 조정래의 대하소설 ≪태백산맥≫이 생각난다. 문득 그곳에 가서 소설 속의 이야기를 생생하게 느껴보고 싶어 남편과 함께 불현듯 찾아가는 길이다. 겨울엔 벌교 꼬막이 제철이라 별미도 맛볼 겸 떠나는 여행이라 마음마저 반짝거렸다.

나지막한 금치 재를 넘으니 벌교읍이 한눈에 들어왔다. 들녘은 겨울을 걷어냈는지 눈이 거의 보이지 않았다. 남도는 역시 따뜻했다. 빈 들판은 다소 쓸쓸해 보였지만 낮은 산등성이로 둘러싸인 벌교 들편은 아늑해 보였다. 먼저 태백산맥 문학관에 들렀다. 입구에 들어서니 뾰족한 유리 탑이 인상적이었다. 조정래 작가는 ≪태백산맥≫을 쓰기 위해 4년을 준비하는 동안 지리산을 열 번이나 올랐다고 한다. 그는 살아 있는 글을 쓰려고 소년 빨치산 출신이었던 박현채와 같이, 지리산 능선을 넘고 빨갱이가 은거한 골짜기를 직접 찾아다녔다. 보고들은 것을 그림까지 그려가며 묘사한 여러 권의 약화 수첩은 작가가 얼마나 치밀하게 작품을 구상했는지 알 수 있었다. 전시된 국방색 등산복과 나무지팡이, 낡은 등산화가 역사의 현장을 누비고 다닌 그의 열정을 말해주고 있었다.

문학관 한쪽 유리 벽면 너머로 벽화가 장대하게 펼쳐져 있었다. 민족의 아픔과 이념 대립으로 갈라진 조국의 통일을 바라는 〈백두대간의 염원〉이라는 벽화는 자연석에서 오방색을 찾아 꾸민 옹석 벽화다. 마치 ≪태백산맥≫ 소설 속의 무당 소화가 씻김굿을 통해 분단된 민족의 한을 풀어내는 느낌이었다.

전시된 진열장에 고행으로 뼈가 앙상한 석가모니 조각상을 보았다. 작가는 ≪태백산맥≫을 쓰며 수많은 우익 단체들에게 빨갱이라는 협박을 받고 생명의 위협을 느껴 유서까지 썼다고 했다. 6년 동안 소설을 쓰며 힘들 때마다 불상을 보고 '뼈만 남도록 최선을 다한다면 이루지 못할 것이 없다.'는 신념으로 작품을 끝까지 썼다고 한다. 이렇게 피를 말려가면서까지 작가는 ≪태백산맥≫에 이념과 갈등을 넘어, 사람답게 살기 위해 절규하는 처절한 민중들의 몸부림을 생생하게 묘사하였다. 소설이라기보다는 한민족의 실록에 가깝게 실화에 바탕을 두고 사람들의 삶을 다양하게 엮어 나갔다.

≪태백산맥≫ 이야기는 여순사건이 있었던 1948년 가을 벌교 포구에서 시작되어 빨치산 토벌 작전이 끝나가던 1953년 늦가을까지, 한국 근대사를 객관적으로 투시하는 대형 서사문학이다. 주인공 육십여 명을 등장시켜 그들의 사상과 여러 종류의 인간상을 그려냈다. 분단된 민족의 고뇌와 서로 다른 이념을 융화시키면서 인간 본연의 적나라한 모습을 생동감 넘치게 구사하여 뜨거운 감동을 주는 작품이다. 조정래는 어린 시절 벌교에 살면서 사랑방에서 어른들에게 들은 동학 이야기, 지리산, 조계산 등에 은둔하여 사는 빨치산 일화 등을 소재로 ≪태백산맥≫ 소설 밑그림을 그렸다고 했다.

문학관을 나와 소설 첫 무대인 무당 소화네 집에 들렀다. 사회주의자 정하섭은 소화를 연인으로 삼아 이 집을 거점으로 이용했다. 무당집 옆 현 부자네 고가는 한옥을 기본 틀로 삼고, 이층인 누마루는 일본식을 가미한 독특한 건축양식이었다. 이곳에서 현 부자는 들판에서 자신의 부를 축척해 주기 위해, 일하는 소작인들을 감독하며 술판을 벌이고 향락을 즐겼다. 작가가 소년 시절 생활했던 벌교를 ≪태백산맥≫에서 배경으로 삼은 관계로, 실제 읍내 건물들이 작품과 같은 장소에 있어서 실화를 글로 쓴 것 같은 착각이 들었다. 소설에 나오는 곳을 찾아 여기저기 다니다 보니 작품 속의 외서댁 꼬막 집도 눈에 띄었다. 점심을 정식으로 시키니 전과 회, 된장찌개 등이 모두 꼬막으로 나왔다. 방송으로만 보던 유명한 벌교 꼬막을 현지에 와서 먹으니 별미였다.

점심 뒤 언덕으로 이어진 중도방죽 길로 올라섰다. 중도는 벌교에서 간척사업을 한 일본인 이름을 따서 만든 바다를 막은 둑길이다. 벌교는 바다로 통하는 포구가 있어 조그만 읍이지만 일본으로 물자를 실어 나르는 요충지로 썼다. 일제강점기에 그들은 넓은 땅을 만들려고 간척사업을 했다. 그리하여 가난한 사람들이 돈을 벌려고 모여들었다. 작가는 작품에서 힘들었던 간척지 쌓는 일을 '고것이 워디 사람이 할 일이었간디라. 죽지 못혀 사는 가난하고 가난헌 개돼지 같은 목심덜이 목구녕에 풀칠허자고 개돼지 맹키로 천대받아감서 헌 일이제라.' 하며 민초들의 험난한 삶을 애달프게 풀어냈다. 곧게 뻗은 중도 방죽을 상념에 잠겨 걸어갔다. 빛바랜 누런 갈대가 바람결에 이리저리 흔들거렸다. 진갈색, 연갈색, 황토색 등 여러 색깔의 갈대가 바람결에 흔들리는 소리가 간척지를 만들며 갖은 고생을 한 힘없는 민중들의 절규처럼 들렸다. 끝없이 펼쳐진 갈대처럼 수많은 사람이 바닷가 펄 속에서 허우적거리며 돌을 나르고 쌓느라 피맺힌 한의 소리. 그 소리는 갈대 속에 설움으로 맺혔다가 바람 불 때마다 구슬프게 울고 있는 듯했다.

소설 ≪태백산맥≫ 주인공인 김범우의 집을 찾아갔다. 천변을 따라 한참을 가다가 마을 안쪽으로 돌아드니 고래 등 같은 기와집이 나왔다. 담장이 성처럼 높았다. 높아도 너무 높은 담이 한옥엔 어울리지 않았다. 기와집이 겹으로 여러 채 있었다. 이곳은 작가 조정래가 초등학교 때, 이 집 막내아들과 사랑채에서 공부하며 놀던 곳이라 실감 나게 표현한 곳이다. 지금은 텅 빈집 여기저기를 소설이 현실인 듯 상상하며 기웃거렸다. 사랑채에서 김범우의 아버지 김사용이 독립운동가였던 큰아들 김범진에게 군자금을 보내려고, 검소하게 밥상을 차리라고 말하는 소리가 들리는 듯했다.

김범우 집을 나와 천변에 있는 소화다리에 다다랐다. 일제강점기에 설치된 철 다리는 백 년 가까운 세월에도 끄떡없이 서 있었다. 이 다리는 좌우익대립의 현장으로 여순사건과 한국전쟁 당시 수많은 사람이 쓰러져간 곳이다. 다리 위에 사람들을 세워 놓고 총질을 해대면 그대로 물속으로 떨어졌다는 민족 비극의 장소다.

"소화다리 아래 갯물에고 갯바닥에고 시체가 질펀하게 널렸는디 아이고매 인자 징혀서 더는 못보겄구만이라."

하는 ≪태백산맥≫ 이야기가 생각났다. 무슨 죄인지도 모르고 이념의 희생양이 되어 무력 앞에 무참히 사라져간 사람들. 민족의 아픔이 핏자국으로 남았는지 검붉은 녹이 다리 기둥과 교각 천장에 덕지덕지 슬어 있었다. 다리 위로 올라가 아래를 바라보니 맑은 강물만이 무심히 흐르고 있었다.

≪태백산맥≫의 주요 무대인 이곳 벌교는, 서로 다른 사상을 지닌 빨치산 대장 염상진과 그의 동생 청년연맹단장 염상구 두 형제

의 갈등을 통해 우리 민족의 비애를 그려냈다. 소설의 결말에서 토벌대에 의해 형 염상진의 시신이 벌교역 앞에 걸리자, 이제까지 빨치산을 잡으려고 혈안이 되었던 동생 염상구는

"살아서 빨갱이제, 죽어서도 빨갱이여!"

하며 토벌대가 무서워 아무도 손대지 못하는 형의 시체를 내려놓는다. 그의 어머니와 형수는 시신을 끌어안고 몸부림치며 울부짖는다. 이념대립으로 형제마저 등을 돌렸던 그 시대의 비정한 운명 앞에서 통곡하는 장면은 저절로 눈물이 흐르는 대목이다. 우리는 왜 그런 아픈 역사 속에서 고통받고 살아야 했는지. 다시는 있어서는 안 될 슬픈 역사의 뒤안길이다. 할 수만 있다면 역사의 뒤엉킨 실타래를 풀어 이념 갈등이 사라지고 분단 없는 나라로 되살리고 싶다.

소설 ≪태백산맥≫은 민중의 꿈과 아픔을 씨줄과 날줄로 엮어 민족의 한을 치유하고자 했다. 나아가 잘린 태백산맥의 허리 잇기 즉, 통일을 염원하는 작가의 마음이 작품 구석구석에 피어나고 있다. 언젠가는 하나 된 나라가 되어 손에 손을 잡고 춤추며 환희의 함성을 외치는 날이 오리니. 그날 함박 웃음꽃이 한라에서 백두까지 너울너울 피리라.

(2013. 1.)

자유의 날개

하얀 조명등이 눈부시게 빛났다. 침대 위에 누워서 여러 개의 동그란 불빛을 멍하니 바라보았다. 순간 드라마에 나오는 수술 장면이 떠올랐다. 식구들을 생각하며 눈물 흘리다 마취로 서서히 의식을 잃어가는 슬픈 주인공의 모습. 의외로 나는 별로 무섭지도 않고 걱정도 되지 않았다. 시간이 지나면 모든 것이 잘되리라 생각했다.

수술 부위를 소독하고 허리에 마취제를 놓았다. 서서히 하반신 감각이 없어졌다. '삐이~' 심장박동이 돌아가는 기계 소리가 났다. 극 중에서 환자가 위험할 때 심장 체크하는 소리를 수술대에서 직접 들으니 기분이 묘했다. 드라마 촬영이 아닌 현실이라 삼독 내신,

의사가 들어와서 내시경을 보며 수술하였다. 얼마 전 산에 갔다가 넘어져 무릎을 다쳐서 하는 인대 수술이었다. 수술은 생각보다 빨리 끝났다.

병실로 옮겨와 마취된 내 오른쪽 다리를 손으로 만져보니 부푼 스펀지를 만지는 듯했다. 감각이 없어 발가락 하나도 까딱하지 못했다. 몸 일부분인 다리를 내 맘대로 못하니 발과 내가 남남인 것 같았다. 한순간에 바보가 된 듯했다. 의사가 24시간 물 한 모금도 마시지 말고 허리를 반듯하게 한 채 똑바로 누워만 있으라고 했다. 내 평생 온종일 밥 안 먹은 적이 없는데. 한국전쟁 전에 태어났으면 피난살이 중에 굶는 체험이라도 했을 텐데 전후 세대라 연습도 없이 바로 실전으로 세끼를 내리 굶다니 오호! 통제라. 한 번 굶으면 영원히 찾아 먹지도 못하는 맛있는 밥을 먹지 말라니 황당했다. 위장을 꿰맨 것도 아니고 무릎만 수술했을 뿐인데 너무 지나친 통제인 것 같았다. 금강산도 식후경이라는 말은 들었어도 다리 수술 후에 금식이라는 말은 들어보지 못했다. 그래도 추상 같은 의사 선생님의 명령이니 어찌 거역할 수 있으리오. 눈물을 머금고 끼니를 거를 수밖에. 하루아침에 몸도 마음대로 움직이지 못하는데다가, 밥도 못 먹는 처지가 될 줄이야…….

시간이 흐르자 감각이 서서히 돌아왔다. 오른쪽 다리를 움직여 보니 발가락이 꼼지락거렸다. 날마다 동분서주하며 이것저것 배운다고 곳곳을 씩씩하게 활보하고 다닌 발이다. 종종 산에 오르고 세상을 누비며 여행했다. 그토록 다리를 쉬지 않고 부려 먹었으니 이제 부실해져 보수공사를 할 수밖에 없었다. 다리가 튼튼해야 앞으로 곳곳을 돌아다니며 하고 싶은 일을 할 수 있을 것이 아닌가.

끊임없이 돌아다니는 나에게 다리가 쉬고 싶다고 쿠데타를 일으켰는지도 모른다. 이제는 병실에 2주일은 꼼짝없이 갇혀 있는 신세가 되었다. 의사 선생님 말씀에 순종하여 온종일 누워서 꼼짝 않고 세끼를 굶었다. 드디어 식사로 죽이 나오자 전쟁고아처럼 허겁지겁 먹었다. 허기를 메우니 이제는 어디로 나가고 싶었다. 벌써 돌아다닐 생각을 하다니. 목발을 짚고 겨우 화장실만 다니는 주제에 분수에 맞지 않는 사치였다. 그냥 병실에서 좋아하는 책이나 볼 수밖에 없었다. 매일 산책하고 틈만 나면 산을 찾는 나에게 병실은 창살 없는 감옥이었다. 푸른 하늘과 산속의 나무들이 생각나고 사람들이 그리웠다. 혼자서 우두커니 집을 지키고 있을 귀여운 강아지도 보고싶었다. 사소한 일상들이 얼마나 행복한 나날인지 새삼 느끼게 되었다.

며칠이 지나자 목발을 짚고 복도로 나가 멀리 단풍으로 물든 공원을 바라보았다. 그곳을 거닐 때가 꿈인 듯 아련했다. 바람에 날듯 돌아다녔던 날이 먼 옛일 같았다. 잠깐이나마 이렇게 발이 묶여 있으니 다리의 소중함이 가슴으로 다가왔다.

입원해 있는 동안 다리를 쓸 수 없으니 남편이 끼니마다 챙겨주어야 밥도 먹을 수 있었다. 부부란 일심동체란 말이 실감 났다.

다른 때는 모임도 많더니만 일체 회식도 않고 먹을 것을 사 가지고 와서 점심밥까지 챙겨주며 자상하게 나의 손발이 되어 주었다. 불편한 나를 극진히 보살펴 주는 그가 고맙기 그지없었다. 이제까지 몇십 년을 정성 들여 밥상을 차려준 보람이 있었다. 세상의 아내들이여! 정성으로 서방님을 잘 모셔야 나이 들어 몸이 아프면 따뜻하게 살펴 줄 것이니 젊을 때 남편에게 잘하소서. 천하의 남자들이여! 늙어서 괄시받지 않으려면 아내가 아플 때 지극정성으로 잘 보살피소서. 대접받길 원하는 자는 먼저 대접하면 받을 것이오.

입원해 있는 동안 시어머니께서 손수 반찬을 만들어 병간호를 해주러 오셨다. 머리도 감겨주고 몸도 닦아주었다. 주사를 놓고 가면 응어리가 생기지 말라고 오랫동안 문질러 주셨다. 나흘 동안이나 있다가 집으로 돌아가기 전날 대야에 따뜻한 물을 떠 와서 손수 발을 씻겨 주셨다.

"황송해서 어쩐대요."

"내가 너한테 해줄 수 있는 게 이런 거 말고는 암것도 없다." 하며 발가락 하나하나까지 거칠지만 따뜻한 손길로 씻겨 주셨다. 어머니 손가락은 짧고 뭉툭하다. 오랜 세월 김장, 된장, 반찬거리 등을 해주며 가족을 거둔 부지런한 손이다. 뜨거운 것을 맨손으로 들어도 아무렇지도 않을 정도로 거칠고 단단해진 손이다. '연탄재 함부로 차지 마라. 너희는 누구를 위해 한 번이라도 뜨겁게 태워 본 적이 있느냐.'는 어느 책의 글귀처럼 가족과 이웃을 위해 뜨겁게 태운 사랑의 손이다. 누군가를 위해 사랑의 손길을 내밀었는지 나 자신을 돌아보는 시간이었다.

하루가 짧게 바쁘게 살다가 병원에 입원한 후로는 혼자서는 발도 씻을 수 없고 밥도 제대로 먹을 수 없는 처량한 신세가 되고 말았다. 그동안 건강한 다리가 있었기에 하고 싶은 일을 마음껏 할 수 있었다. 다리가 나를 움직이는 행동의 원동력이라는 것을 병실에 있으면서 절실히 깨닫게 되었다. '모든 것은 지나간다.'는 불변의 진리대로 드디어 퇴원하는 날이 되어 두 다리로 걸어서 병원을 나왔다.

"야호! 자유다. 나도 이제 날개를 달았다."

나에게 다리는 행동의 자유를 주는 날개였다. 머리로 아무리 멋진 생각을 해도 다리로 뛰면서 행동하지 않는다면 헛된 꿈에 지나지 않는다. 날개 없는 새가 창공을 날 수 없듯이. 손과 발로 행동할 때, 그 사람의 생각과 지식이 꽃으로 피어나 아름다운 열매도 맺을 수 있으리라.

(2011. 10.)

올레길이 부른다

봄날에 올레길이 나를 불렀다. 구름 위를 새처럼 날아갔다. 강산이 세 번 바뀌고 나서 단둘이 다시 가는 제주도다. 그 옛날 신혼여행은 두근거리는 가슴을 안고 갔는데 지금은 친구같이 편안한 남편과 가는 구혼여행이라고나 할까. 막연히 걷고 싶었던 올레길. 영상으로만 해마다 보았던, 유채꽃이 하늘거리는 그 길을 걸어보려고 제주도를 찾았다.

렌터카를 빌려 먼저 한림공원에 들렀다. 종려나무들이 푸르게 서 있는 모습은 이곳이 아열대 기후라는 것이 실감났다. 벚꽃 나무 아래 핀 유채꽃은 하얀 너울 쓰고 노란 드레스를 입은 신부처럼 눈부셨다. 벚꽃이 바람에 흩날리니 그대로 꽃눈으로 쌓였다. 하얀 꽃 이파리를 머리에 이고 늦은 시각이라 아무도 없는 공원에서 봄 처녀가 되어 동영상을 찍었다.

예약해둔 서귀포 칼 호텔에 들어서니 신혼여행 때 묵은 곳이라 왠지 정겨웠다. 긴 세월 기쁨과 슬픔을 같이한 동반자와 다정한 연인처럼 손잡고 다시 오니 감회가 새로웠다. 다음 날 새벽에 일어나 바다를 끼고 잘 가꾸어진 정원을 산책하고 마라도에 가려고 서둘러 길을 떠났다.

마라도는 우리나라 최남단에 있는 섬이다. 한 시간가량 걸으면 한 바퀴 돌 수 있는 자그마한 섬이다. 끝없는 수평선을 바라보며 초원을 걷다 보니 마라분교장이 나왔다. 조그만 건물, 작은 운동장이 있는 분교엔 2명의 학생이 공부하고 있다 한다. 방송에 나온 유명한 마라도의 짜장면 맛을 보려고, 〈무한도전〉의 유재석이 앉았다는 테이블에서 짜장면을 먹으니 괜스레 더 맛있었다. 배를 타러 선착장으로 향했다. 길가의 목책을 보니 어디선가 본 듯한 풍경이었다. 생각을 더듬어보니 이십 년 전에 사진을 보고 마라도에서 본 제주도를 유화로 그린 적이 있었다. 목책이 이어져 있고 바다 저 멀리 성산 일출봉이 아스라이 보이는 광경. 예전에 그린 그림 속의 정경과 비슷하여 풍경화 속으로 내가 들어간 듯하였다.

마라도를 푸른 물결 넘실대는 바다에 남겨 두고 다시 제주도로 돌아왔다. 해안 길을 가다 올레 10코스인 용머리 길로 들어섰다. 제주 올레길은 바다를 끼고 19코스까지 있다. 코스에 따라 2~7시간 정도 걸리는데, 우리는 차를 타고 가다가 멋진 올레길이 나타나면 내려서 걸었다. 발 가는 대로 걸으며 그곳의 풍경을 즐겼다. 용머리 길은 썰물 때만 갈 수 있는 해안 길이므로 물때를 잘 맞춰야 한다. 정오쯤 들어서니 마침 썰물 때라 드러난 바닷가 길을 걸을 수 있었다. 용머리 길은 오랜 세월 파도가 조각한 기암괴석과 여러 번 화산활동에 의한 형형색색의 절벽으로 이루어져 사람들의 눈길을 잡아끄는 마력을 지닌 멋진 길이었다.

지도를 보며 올레 8코스인 주상절리가 있는 곳으로 갔다. 높다란 육각기둥 수백 개가 늘어서 있는 모습은 어느 신전을 보는 듯 장관을 연출했다. 마치 사람이 정으로 깎아 만든 듯 섬세하였다. 주상절리를 지나 물비늘이 반짝이는 바다를 바라보며 걸었다. 해풍에 유채꽃과 야생화들이 한들거렸다.

산 그림자가 서서히 대지에 옷자락을 내려놓을 즈음 산굼부리로 향했다. 산굼부리는 광활하게 펼쳐진 평원 한가운데 지름이 600m 정도 움푹 파인 분화구를 가진 기생화산이다. 언덕길을 산책하듯 가다 보니 금방 분화구에 다다랐다. 이곳은 같은 분화구 안에서도 침엽수와 활엽수가 공존하는 보기 드문 식물의 보고라고 한다. 선선한 저녁 바람을 맞으며 천천히 내려오다가 문득 앞을 보니 커다란 노루 한 마리가 껑충껑충 초원을 가로지르고 있었다. 자세히 보려고 달려갔으나 노루는 이미 언덕 너머 수풀 속으로 사라졌다. 방송에서만 보던 야생노루를 직접 볼 줄이야. 숙소로 돌아오는 길에 허브 동산에 들러 가지각색의 화사한 꽃을 본 뒤, 허브 찜질방에 들어가 여행의 피로를 잠시 풀었다. 그곳에 들어온 붙임성 좋은 중년 부부가 우도 이야기를 했다. 축제 기간이라 소라를 실컷 먹고 그곳의 환상적인 경치에 반해 온종일 있다가 왔다고 했다. 그 말을 듣고 우리도 내일 우도에 가보기로 했다.

다음 날 아침엔 표선 해비치 해변을 따라 올레 길을 걸었다. 해안을 따라 보랏빛을 띤 무꽃이 아기처럼 해맑게 웃음 지었다. 끝없이 이어진 무꽃이 아침 햇살에 보라, 하양, 남색으로 무지개처럼 영롱하게 빛났다. 차를 타고 2코스인 섭지코지로 들어섰다. 오르막길을 오르자 저만치 쪽빛 바다 위로 촛대 모양의 바위가 판타지 영화의 한 장면으로 다가왔다. 이곳은 드라마 〈올인〉을 촬영하여 유명해진 곳이기도 하다. 푸른 하늘과 바다를 배경으로 언덕 위에 세워진 하얀 성당을 보니 수녀 복을 입은 주인공이 떠올랐다.

배를 타고 올레 1코스인 우도에 다다르니 소라 축제장을 찾은 사람들이 줄을 지어 내렸다. 우도 사람들이 운영하는 천막 식당에서 소라구이와 몸국, 소라 죽으로 점심을 싸고도 맛깔스럽게 먹었다. 밀려오는 손님으로 종종걸음치면서도 친절히 대하는 그네들에게서 섬 사람들의 푸근한 인심을 엿보았다. 입담 좋은 관광기사의 설명을 들으며 버스를 타고 바닷길을 돌았다. 들판엔 여기저기 유채꽃이 흐드러지게 피어 있었다. 오히려 제주도보다 우도의 유채꽃 밭이 드넓고 찬란했다. 더불어 무꽃과 청보리가 지천으로 있으니 보라와 노랑, 초록 물감을 들판에 흩뿌려 놓은 듯하였다. 버스에서 내려 바닷가 절벽 아래 동안경굴을 구경하였다. 때마침 썰물 때라 동굴 안 깊숙이까지 들어가 볼 수 있어 바닷속을 드나든다고 생각하니 신기했다. 홍조단괴 해변은 산호가 부서져 생긴 모래알로 바다색이 에메랄드빛으로 투명하게 반짝거렸다. 부드러운 모래알에 반해 맨발로 모래사장을 거닐었다.

다음 날 비행기를 타고 하늘을 오르니 제주도가 그림처럼 멀어져 갔다. 올레길을 날마다 서너 시간씩 걷느라 힘들기도 했지만, 마음만은 그 어느 때보다 한가로웠다. 화사한 봄날에 노란 유채꽃과 푸른 바다를 바라보며 둘이서 도란도란 정답게 걸어간 아름다운 길이었다.

(2012. 4.)

바티칸의 명화

바티칸박물관의 명화를 만나러 예술의 전당에 갔다. 세상에서 가장 작은 나라지만 세계 최대 규모의 박물관을 소유하고 있는 역사와 예술이 살아 숨 쉬는 바티칸시국. 그 박물관이 소장하고 있는 조각품과 명화 73점이 우리나라로 자리를 옮겨 처음으로 전시되고 있다. 유명한 명화를 멀리 로마까지 가지 않고 서울에서 감상할 절호의 기회가 아닌가.

처음 들어간 방은 라오콘 군상과 비너스상 등 다양한 조각상들이 전시되어 있었다. 아폴론 조각상은 근육의 움직임과 머릿결 하나하나까지 섬세하게 묘사하여 마치 살아 있는 그리스 신을 보는 듯했다. 다음 전시실에서 르네상스 시대의 화가인 멜로초가 *프레스코화법으로 그린 〈비올라를 연주하는 천사〉를 감상하였다. 해설사의 말이 천사 중 가장 예쁜 얼굴이란다. 우리의 상상을 깨고 그림에서는 어여쁜 천사가 그리 많지 않다며 미운 천사들을 보여줘서 웃음을 자아냈다. 멜로초는 고대 로마와 *비잔틴미술을 혼합한 화법을 개발한 화가로 색상이 화사하면서도 힘찬 터치가 매력적이었다.

언뜻 보면 무엇을 그린지도 모를 그림 앞으로 갔다. 발아래 흰 사자가 있고 뼈가 앙상한 목과 어깨의 힘줄이 드러난 노인의 모습. 광야에서 히브리어 성경을 라틴어로 처음 번역하는 작업을 해낸 사대 성자인 〈광야의 성 히에로니무스〉 회화였다. 참회를 위해 돌로 가슴을 치기 직전의 인간 고뇌를 순간 포착한 이 그림은 레오나르도 다빈치의 목판화이다. 일화로 이 목판화는 구두수선공이 목 부분을 잘라 밑받침으로 놓고 구두를 수선하는 데 썼다. 이를 발견한 교황이 나머지를 찾아 복원하여 박물관에 보관하였다고 한다. 이 그림은 미완성이나 강렬한 선과 뚜렷한 명암의 대비로 완성도가 높은 작품이다. 레오나르도 다빈치는 원근법을 처음으로 구체화해 르네상스 미학의 기초를 이룬 화가다. 다양한 분야에 천재적인 재능을 지닌 그의 목표는 '정말로 살아 있는 인간처럼 보이는 인간'을 그리는 것이었다. 대표작으로 〈최후의 만찬〉과 〈모나리자〉 등이 있다.

이번 전시회는 르네상스 시대의 명화들이 주로 많았다. 르네상스는 14~16세기에 일어난 문화 운동으로 학문이나 예술의 부활이다. 신 중심으로 개인의 창조성을 억압하던 중세에서 벗어나 문화의 절정기였던 고대로 돌아가자는 뜻이다. 라파엘로의 그림 〈사랑〉 앞에 섰다. 성모의 품에 안긴 아기에게 젖을 먹이는 회화로 어머니에 대한 그리움이 담긴 작품이다. 귀여운 아기가 엄마 품에 안긴 모습. 바라만 봐도 사랑스러운 마음이 샘솟았다. 당대 주요한 화가들의 장점을 두루 갖춘 르네상스 최고의 전성기를 구가했던 라파엘로. 그는 온화한 성품으로 당시 사람들에게 사랑을 받으며 작품 활동을 한 화가였다.

이탈리아어로 슬픔이라는 의미의 〈피에타〉는 홀로 방을 지키고 있었다. 누가 굳이 설명하지 않아도 죽은 아들을 안고 있는 비애에 잠긴 어머니의 모습이었다. 성모 옷자락의 섬세한 주름과 예수의 팔과 다리는 그대로 사람의 혼이 깃든 조각상이었다. 미켈란젤로의 청년 시절 작품으로 성모의 얼굴이 비탄을 초월한 이상적인 아름다움으로 표현되었다. 〈피에타〉는 르네상스 시대 조각으로 최고의 걸작이라 칭송받는다. 이곳에 전시된 피에타는 석고로 본뜬 모조품이지만 진품만큼 귀한 가치가 인정되는 작품이라고 한다. 15년 전 유럽여행 때 로마 바티칸에서 〈피에타〉를 처음 봤을 때는 유리벽 너머로 감상하여 실루엣만 기억에 남아 있다. 이번에는 가까이서 감상할 수 있어 성모의 초연한 얼굴이 새로운 의미로 다가왔다. 미켈란젤로는 천재적 화가로 천장화인 〈천지 창조〉를 4년간이나 그렸다. 마무리 작업을 할 때 친구가 방문하여 눈병에 걸려 고생하는 그를 보고 '구석까지는 아무도 알지 못하니 편하게 대강하라.'고 말하자 '나는 안다.'며 끝까지 온 정성을 다하여 작품을 완성하였다. 그의 굽힐 줄 모르는 집념과 열정이 불후의 대작을 탄생시켜 오늘날까지 세계인이 감탄하는 명화가 된 것이다.

미켈란젤로의 조각상을 보니 문득 얼마 전에 본 김기덕 감독의 〈피에타〉 영화가 생각났다. 한 여인이 자기 아들을 죽음으로 몰고 간 사채업자를 찾아가 그의 엄마로 위장해서 접근하여 모성애를 불러일으킨다. 고아로 자란 그는 처음으로 모정을 느끼며 엄마인 줄 착각하고 정에 집착하자, 여인은 사채업자 앞에서 투신한다. 가족을 잃은 아픔이 얼마나 비통한지, 그에게 느끼게 하려고 극단적인 죽음을 택한 것이다. 여인의 죽음에 냉혈한인 그도 어머니를 안고 울부짖으며 영화는 끝난다. 영역은 다르지만, 조각상이나 영화 모두 자식을 잃은 어머니의 슬픔을 〈피에타〉라는 제목으로 예술로 승화시킨 문화작품이라고 할 수 있겠다.

이름만 들어도 알만한 르네상스 시대의 천재 화가들의 작품을 비행기를 타지 않고도 하루 동안에 다 보았다. 로마에서는 수많은 사람에 밀려 제대로 보지 못한 작품들이었다. 르네상스의 일부 작품이기는 하나 전시실 안을 세 바퀴나 돌며 보고 또 보고 해설가의 설명을 두 번이나 들었다. 오늘에야 명화를 감상하는 안목을 조금

넓힌 것 같다. 왠지 예술적 감각을 가슴에 담아 가는 듯해 마음이 뿌듯했다.

(2013. 2.)

*프레스코화 : 회반죽 벽이 마르기 전, 즉 축축하고 신선(이탈리아어로 프레스코)할 때 물로 녹인 안료로 그리는 기법

*비잔틴미술 : 5-15세기 비잔틴(동로마)제국의 수도 콘스탄티노플을 중심으로 발달한 동방정교회 미술

마음속 옹달샘

산길을 가다가 갈증이 날 때 바위 밑에 고인 옹달샘을 보면 얼마나 반가운가. 옹달샘은 야산엔 별로 없고 깊고 깊은 산속에 있다. 행여 깨끗한 물이 흐려질까 봐 인적이 드문 숲 속 바위틈에 고요히 숨어 있나 보다. 맑은 물을 목마른 나그네에게 주려고, 옹달샘은 깊은 산 바위 밑에서 하염없이 누군가를 기다리고 있는지도 모른다.

옹달샘에선 쉬지 않고 물이 솟아나온다. 아무리 퍼내도 샘물은 흐른다. 어디서 그 많은 물이 흘러나온단 말인가? 비가 오면 빗물이 나무 아래로 스며든다. 나무들은 뿌리와 잔뿌리까지 서로 얽혀서 그물망을 만든다. 그리하여 비가 올 때마다 그곳에 물을 저장한다. 이렇게 나무뿌리 사이에 모인 물을 '녹색 댐'이라고 하는데 이 물은 땅속으로 서서히 스미게 된다. 땅으로 들어간 물은 자갈과 모래, 흙을 지나면서 자연히 여과되어 정화수가 된다. 이렇게 정화된 맑은 물이 얕은 곳으로 흐르다가 바위틈에 고여 옹달샘이 되리라. 옹달샘엔 빗방울과 나무, 자갈과 모래의 속삭임이 들어 있다. 그들의 이야기가 끊임없이 이어져 언제나 맑은 샘물이 솟아나오는가 보다.

수필 쓰는 일은 빗물이 여러 번 걸러져 옹달샘이 되는 이치와 비슷하다고 생각한다. 글을 잘 쓰려면 먼저 좋은 책을 많이 읽어 풍부한 감수성을 길러야 하리라. 또한, 여러 가지 경험을 차곡차곡 쌓아야 한다. 여행은 새로운 것을 보고 듣고 느끼는 기회가 되므로 글 쓸 소재가 많이 생긴다. 지나온 추억 역시 가슴에서 우러나오는 이야기가 될 것이다. 이렇게 모인 글감을 바탕으로 생각의 그물망을 짠 뒤 글을 쓴다. 초고를 쓰고 나서 어느 정도 자신의 마음에 들 때까지 퇴고를 거듭해야 한 편의 글이 탄생한다. 그러므로 수필은 정화된 옹달샘 물과 같아야 한다. 하늘에서 비가 내리자마자 금방 깨끗한 물이 될 수는 없다. 맨 처음 빗물이 땅에 떨어지면 흙탕물이다. 땅에 스며든 물이 자연 속에서 걸러지면서 맑은 물이 된다. 이와 마찬가지로 수필도 다독, 경험, 추억 등을 가슴속에 담았다가 사색이라는 여과장치를 거쳐 향기로운 글로 숙성시켜야 한다. 옹달샘처럼 맑고 맛좋은 수필을 쓰려면, 마음속에 넉넉한 글샘을 만들어 놓고 수시로 정화해야 한다. 가슴에 담긴 소재를 하나 둘 꺼내어 글을 쓴 뒤, 퇴고라는 거름망을 수없이 통과한 뒤에야 비로소 마음에 와 닿는 진솔한 수필이 나오지 않을까. 아무리 글감이 좋아도 생각을 거듭하고 시간과 정성을 들여 다듬지 아니하면, 일상적인 기록이 되기 쉽다. 흙탕물을 거르고 걸러야 정화수가 되듯이, 문장도 갈고 닦아야 맑고 감칠맛 나는 옹달샘 같은 글이 될 것이다.

내 마음속에 아무리 퍼내어도 마르지 않는 옹달샘을 하나 두고 싶다. 그리하여 사람들의 목마름을 달래주는 글을 쓸 수 있다면 얼마나 좋을까. 살아온 삶의 순간순간을 되살려 음미할 수 있는 수필을 써서, 누군가에게 잔잔한 감동으로 다가갔으면 한다.

(2013. 6.)

꿈에 그리던 낙원

산길로 접어들었다. 트롤 요정의 길이라고 했다. 트롤은 요정으로 늙고 못생긴 얼굴에 긴 꼬리를 달았는데 요술로 예쁜 여자로 변해 남자들을 꼬여 숲 속으로 데려가기도 한단다. 우리나라 도깨비처럼 노르웨이 사람들에게 구수한 이야기를 전해주는 요정이었다.

피오르드로 넘어가는 산길에는 가끔씩 하얀 은실로 수를 놓은 듯이 절벽 사이로 폭포가 흘러내렸다. 안개비가 내리는 산길 너머로 운무가 끼인 산등성이와 하늘, 그리고 폭포가 어우러진 풍경은 영화의 한 장면을 보는 듯했다. 어두컴컴한 숲 속 어디선가 트롤 요정이 노래를 부르며 나타날 것 같은 길은 끝없이 이어지고 있었다. 잠깐 쉬는 사이에 산길에서 야생 블루베리를 보았다. 귀한 블루베리가 지천에 널렸으나 먼 길을 가야기에 맛만 보았다.

요정의 길이 끝나고 노르웨이 여행의 절정인 게이랑에르 피오르드를 보기 위해 유람선에 승선하였다. '피오르드'는 빙하의 압력으로 깎여진 계곡을 말한다. 이곳은 보석같이 아름다운 게이랑에르 마을 주변을 둘러싼 산맥들 사이에 끼어 있는 16km에 이르는 바닷가 절벽이다. 저 건너 높은 산봉우리에는 만년설이 하얗게 덮여 있었다. 절벽 사이로 폭포가 까마득히 먼 산꼭대기에서 흘러내렸다. 만년설인 빙하가 여름이 되면서 서서히 녹아 폭포를 이룬다고 한다. 빙하가 녹은 바닷물은 짙푸른 코발트색이었다. 반대편에 몇 줄기의 폭포가 나란히 나타났다. 일명 칠 자매 폭포라고 했다. 산모퉁이를 돌아갈 때마다 새로운 절벽을 타고 또 다른 폭포가 부서져 내렸다. 저 멀리 만년설이 드문드문 보이고 그 빙하가 녹아 은하수처럼 쏟아지는 폭포와 절벽과 바다가 어우러진 자연의 신비가 경이로울 뿐이었다.

다음 날은 유람선을 타려고 오슬로로 향했다. 산굽이마다 파란 풀밭 위에 아담하게 나무로 집을 짓고 예쁘게 페인팅한 집들이 연이어 나타났다. 지붕 위로 하얀 조각구름이 흐르고 그야말로 달력에나 나오는 수채화였다. 아름다운 자연 속에 그림 같은 집은 사람들이 그리는 지상 낙원이었다. 1인당 국민소득이 7만 불이 넘다니 꿈에 그리던 나라였다.

오슬로에서 덴마크 수도 코펜하겐으로 가는 유람선을 탔다. 저녁 식사를 한 후 선상으로 나갔다. 눈앞에 보이는 바다와 하늘은 물감을 풀어 놓은 듯 천지가 주홍빛이었다. 진홍빛으로 불타던 항아리 같은 해가 바다로 빨려 들어가고 있었다. 구름 한 점 없는 수평선에 태양은 발을 담그고 있다가 어느 순간 바닷속으로 숨어버렸다. 해는 사라지면서 바닷물에 오메가 선을 남겼다. 출렁이는 물결 따라 금빛으로 반짝거리는 오메가선. 휘황하게 반짝거리는 황홀한 낙조를 감동에 젖어 오래도록 바라보았다. 아름다운 일몰을 보여준 바다의 신 포세이돈에게 감사해야 할까 보다. 어제의 환상을 못 잊어 다음 날 새벽에는 일출을 보려고 갑판으로 나갔다. 한참을 기다리니 어슴푸레한 회색빛 하늘을 가르고 불그스름한 여명이 보이기 시작했다. 잠시 후 검붉은 해가 수줍은 듯 초승달만큼 솟았다. 구름이 가리는가 싶더니 구름 아래로 반달만큼 해가 대롱대롱 매달렸다. 그러다가 순식간에 두둥실 둥그런 해가 눈부시게 떴다. 내 생애 처음 보는 이색적인 해돋이였다. 일몰은 어제 노르웨이에서, 일출은 오늘 덴마크 하늘에서 보았다. 유람선은 밤사이 나라를 소리도 없이 옮겨놓는 요술쟁이였다.

덴마크 수도 코펜하겐에 도착했다. 덴마크하면 안데르센의 동화 인어공주가 생각난다. 인어공주상이 있는 해안가로 갔다. 작은 동상이지만 세계적인 명소가 되어 사람들로 붐볐다. 상상 속의 인어공주는 아니지만 안데르센의 책을 읽은 사람들은 동화 속의 주인공이라도 만난 듯, 서로 동상 앞에서 사진을 찍으려 했다. 겨우 틈을 타서 인증 샷을 찍었다. 인어 공주는 사랑하는 사람을 위해 물방울이 된 슬픈 주인공인데 쉬지도 못하고 조그마한 바위에 하염없이 앉아 있었다. 안데르센이 가엾은 인어공주 상 앞에서 북적이는 사람들을 본다면 무슨 생각을 할까.

여행의 마지막 날. 북유럽의 정취를 느껴보려고 숙소 주변의 카페에 들렀다. 그동안 바쁜 여정으로 한가하게 담소할 시간도 없었는데 모처럼 모여 앉아 이야기꽃을 피웠다. 카페에서 나와 한적한 오솔길을 걸으며 나도 모르게 '모닥불 피워 놓고 마주앉아서……'를 노래하자 친구들도 같이 불렀다. 흥에 겨워 목장 길도 부르고 별을 노래하며, 손에 손을 잡고 한마음이 되어 골목길을 돌고 돌아 숙소로 돌아왔다. 인생이 끝나는 날까지 우리의 이야기는 이어지리라.

코펜하겐을 출발한 뒤 모스크바를 경유하여 한국으로 돌아가는 비행기를 탔다. 북유럽의 아름다운 풍경과 감동을 주는 음악이 안데르센에게 꿈꾸는 동화를 쓰게 했으리라. 북유럽의 그림 같은 자연과 복지 모두 부러웠다. 그래도 내가 살고 싶고 사랑하는 곳은 대한민국이다. 오랜만에 집으로 가는 나그네처럼 마음은 벌써 그리운 고향 땅을 밟고 있었다.

(2011. 9.)

시간에 젖은 친구

겨울의 끝자락에 순천에 당도하니 바람부터 달랐다. 얼굴을 스치는 바람결이 다사로웠다. 친구와 나는 만나자마자 반가워 얼싸안았다. 멀리 있는 벗이라 어쩌다 한 번 만나지만, 어제 본 듯 스스럼없이 지난 이야기가 술술 잘도 나왔다. 서로 눈만 마주쳐도 웃음 짓는 친구다. 포도주와 벗은 오래될수록 깊은 맛이 난다고 했던가.

친구를 처음 만난 건 여중 3학년 때다. 그 애는 하얀 잇속을 드러내며 환하게 웃는 모습이 아침 햇살 같았다. 성격이 밝은 친구는 실장이었다. 벗은 언제나 따뜻한 미소로 반 애들을 포근하게 감싸는 인간미 넘치는 소녀였다. 이야기꾼인 나는 친구들을 수시로 까르르 웃게 하는 명랑한 아이였나. 웃음을 좋아하는 우리는 마음이 통했는지 금방 친해졌다. 그렇게 가까워진 우리는 40여 년이 되었건만, 떨어진 거리와 상관없이 우정의 끈을 놓지 않았다. 오랜만에 만나도 서로의 생각을 눈빛만으로 짐작할 수 있다. 우리는 자주 보지 못해도 마음의 뜨락에 언제나 환하게 웃으며 담소하는 벗으로 들어와 있다.

친구 집에서 차 한잔을 마시고 갈대밭을 찾아 나섰다. 부부는 닮는다고 했던가. 언제나 웃음이 떠나지 않는 쾌활한 친구 남편과 우리는 순천만으로 갔다. 크기가 나보다 더 큰 갈대숲을 요리조리 거닐었다. 문득 하늘을 보니 흑두루미 네 마리가 푸른 창공을 유유히 날고 있었다. 순천만의 상징인 흑두루미가 검은 날개를 퍼덕거리며 내 머리 위에서 날았다. 우리나라에서 월동하고 먼 러시아로 가는 연습을 하는지 오래도록 우리를 맴돌며 비행하였다. 파란 하늘을 가르며 노를 젓듯이 나는 흑두루미 가족은 그대로 한 폭의 그림이었다.

순천만 갯벌에서 나온다는 못생긴 뚱장어 탕으로 점심을 먹고, 여수 서쪽에 자리한 사도 섬으로 향했다. 그곳에 공룡발자국 화석이 있다고 했다. 가까운 거리지만 바다를 걸어갈 수 없어 통통배를 타고 갔다. 이름 없는 섬이라 별로 기대하지 않았다. 하지만 첫발을 내딛는 순간 이국적인 풍경에 탄성이 터져 나왔다. 야자수와 푸른 잎이 그대로인 나뭇잎들이 싱그러웠다. 육지는 아직도 쌀쌀한 바람이 심술을 부리고 있는데 이곳은 초록 물결이었다. 이 섬은 어느덧 봄이 성큼 들어와 있었다. 해안가를 공룡발자국을 찾으며 돌았다. 먼저 눈에 띄는 것은 채석강처럼 층층이 쌓인 퇴적암층이었다. 바위들이 파도에 패이고 깎여 기암괴석으로 깎아지른 절벽을 이루고 있었다. 어떤 곳은 해초들이 붉은색, 푸른색으로 무늬를 이루어 마치 무지개처럼 보였다.

해안가를 돌다 보니 화산 폭발의 흔적인 응회암도 있고 나무뿌리 화석도 있었다. 찾아 헤매던 공룡발자국을 발견했을 때는 환호성이 나왔다. 기대 이상으로 여러 가지 새로운 풍경을 보며 우리는 보물을 찾은 듯 즐거워했다. 친구가 저만치 앞서 가더니 언제 샀는지 사도에서 채취한 톳을 나에게 한 아름 안겨주었다. 내가 톳 따는 할머니를 보고 '톳나물 맛있겠다.'고 중얼거렸었다. 그 말을 잊지 않고 챙겨주는 친구의 넉넉함에 가슴이 따스해졌다. 사도 섬을 뒤로하고 순천으로 향했다.

차 속에서 우리는 이야기를 하다가 조금만 웃겨도 둘이 손뼉을 치며 소녀처럼 웃어댔다. 그 모습을 바라보며 덩달아 웃는 두 남자. 오랜만에 만난 친구와 실컷 웃고 정담을 나누니 가슴 저 밑바닥까지 상쾌해졌다. 진실한 우정은 추억 속에서 아름다운 옛일이 되살아나고, 사소한 재담에도 공감하여 목젖이 보이도록 웃을 수 있는 허물없는 사이가 아닐까. 항아리의 장맛이 세월이 흘러야 우러나듯. 우정도 긴 시간 속에 젖어야 깊은 정이 배어나 마음 편한 벗이 되리라.

벗이 사주는 진수와 성찬이가 올라온 저녁을 맛있게 먹고 아쉬운 작별을 하였다. 집으로 돌아오는 길에 "순천에 오면 왕처럼 대우받고 가네. 좋은 친구를 둔 당신이 부러워."하며 남편은 내 손을 잡았다.

참다운 벗은 비가 온 뒤 하늘에 뜨는 무지개처럼 지루한 일상에 아름다운 다리를 이어주는 것 같다. 시간이 흘러도 변함없는 다정한 친구가 있다는 것은, 추운 날 언 손에 장갑을 끼는 것처럼 가슴을 훈훈하게 한다. 글을 쓰는 이 순간에도 웃음 짓는 친구의 환한 얼굴이 떠올라 입가에 미소가 번진다.

(2012. 02.)

흔들리지 않는 뿌리

둥글게 솟아 있는 동산에 파란 잔디가 햇살에 반짝거렸다. 어디선가 우륵이 연주하는 가야금 소리가 은은하게 울려 퍼지는 듯하였다. 그곳에는 신비로운 서기가 감돌고 있었다.

박물관 답사로 김해 김수로 왕릉에 갔다. 눈앞을 가로막는 커다란 봉분은 거의 동산에 가까웠다. 푸른 잔디가 잘 다듬어진 모습은 다른 왕릉과 비슷하였으나, 정문에 파사석탑, 쌍어문, 코끼리 문양이 새겨진 것이 특이하였다. 일연의 ≪삼국유사≫ 중 〈가락국기〉에 기록한 내용에 '수로왕 7년에 인도 아유타국의 공주 허왕옥이 배를 타고 와서 부모님께서 수로왕의 배필이 되라고 하여 가락국에 왔다고 했다. 그 말을 듣고 수로왕도 하늘이 성한 배필이라고 흔쾌히 공주를 맞이하여 혼례를 하였다.'고 한다. 그때 허 황후가 파도를 잠재우려고 배에 싣고 온 탑이 파사석탑이다. 또한, 고대 바빌로니아인들이 영특한 존재로 여겨 사용하던 물고기 문양과 힌두교의 신상인 코끼리 문양을 납릉정문에 새겼다고 전한다. 수로왕 7년에 한 국제결혼이 지금까지도 우리 문화 속에 살아 숨 쉬고 있다. 이미 이천 년 전부터 세계 문명과 가야국의 교류가 있었으니 놀라운 일이다.

김해 시내를 가다 보니 길가에 철갑을 둘러쓴 말과 군사들의 청동상이 줄지어 서 있었다. 옛날 가야국의 기마무사 상을 재현한 것이라고 한다. 대성동 고분박물관에서 본 무덤 속의 그릇들은 다른 지역의 고분에서 발굴된 그릇들이 거의 토기인데 반해 가야국은 대부분 철 그릇이었다. 이 유물로 보아 서기 42년에 창건된 금관가야는 철이 풍부하였다는 것을 알 수 있었다. 김해 박물관에는 철가면과 철갑 옷도 있었다. 말도 철로 된 안장을 했다. 세월의 녹이 덕지덕지 묻어난 유물은 그 시절의 찬란한 철기문화를 말해주고 있었다. 영화에서 로마병사나 철갑으로 무장하고 전쟁터를 달리는 줄 알았는데 가야국도 그 옛날에 이렇게 철을 떡 주무르듯 사용했을 줄이야.

서기 42년경이면 서방의 로마가 세계로 뻗어 가는 제국으로 변해 갈 때이다. 그즈음 동방의 작은 나라 가야도 발달한 철기문화를 가지고, 532년까지 나라를 유지하였던 사실에 어깨가 올라갔다. 가야국의 눈부신 철기문화를 고구려, 백제, 신라가 힘을 합하여 더욱 발전시켜 삼국을 통일했더라면 더 큰 나라가 되었을 텐데. 그런 아쉬움이 머릿속에 자꾸 맴도는 것은 웬일일까. 돌아오는 버스 속에서 역사에 식견이 많은 예절원 원장이 격앙된 목소리로 말하였다.

"답사 중에 해설사가 김춘추가 삼국을 통일했다고 하나 이것은 잘못된 역사입니다. 신라가 외세인 당나라를 끌어들여 백제와 고구려를 멸망시킨 것은 오히려 고구려의 넓은 영토를 당나라에 내주고 중국을 섬기는 사대주의의 시작이었습니다."

나도 국사를 배우며 겨우 백제 땅만을 차지한 신라가 삼국을 통일했다고 할 수 있을까? 하는 의문이 항상 고개를 내밀었다. 어찌하여 한민족끼리 화합하지 못하고 외세의 힘을 빌려 같은 민족을 쓰러뜨리고, 드넓은 만주 벌판 고구려 땅을 중국에게 빼앗겨버렸단 말인가. 생각할수록 안타까운 일이다.

"중국의 ≪동이 열전≫에 보면 단군과 중국의 요임금은 같은 시대의 사람입니다. 그만큼 우리 역사는 오래되었습니다. 우리 민족은 옛날 동이 나라 민족으로 동방예의지국이라 하였습니다. 후손에게 올바른 역사를 알려줍시다."

라고 열변을 토하며 말을 맺었다. 모처럼 대한민국의 자긍심을 사람들에게 심어주는 애국 투사를 만난 것 같아 가슴이 후련했다.

집에 와서 한국의 고대사에 대하여 정확히 알아보려고 ≪동이열전≫을 조사해 보았다. 약 2,300년 전, 공자의 7대손 공빈이 고대 한국에 관한 이야기를 모아서 쓴 역사서였다.

'동방에 오래된 나라가 있는데 동이東夷라 한다. 훌륭하신 분인 '단군'이 임금이 되셨다. 동이는 나라가 크지만 남의 나라를 업신여기지 않았고, 그 나라의 군대는 비록 강했지만 다른 나라를 침범하지 않았다. 풍속이 순후해서 음식을 먹는 이들이 먹는 것을 서로 양보하였다. 남자와 여자가 따로 거처해 함부로 섞이지 않으니 가히 '동방예의 군자국'이라 할 수 있다. 나의 할아버지 공자께서 동이에 가서 살고 싶어하셨다. 나도 역시 동이에 가서 살고 싶다.'

공빈이 쓴 역사적 기록이다. 우리 조상들이 살았던 그 시대를 미루어 짐작하건대 우리나라 동이는 중국의 부러움을 사는 동방예의지국이며 큰 나라라는 것을 알 수 있다. 또한 후한서 ≪동이전≫에도 군자불사지국이라고 들을 만큼 군자의 나라이니 얼마나 자랑스러운 일인가.

이러한 내력이 중국의 역사서 ≪동이 열전≫에 기록된 사실조차도 잘 모르는 사람이 많다. 나 역시 이번 수로왕릉 답사를 계기로 고대사를 좀 더 알게 되었다. 이제까지 우리는 동방의 작은 나라로 힘없는 약소국으로만 알고 있었다. 반면에 중국은 역사도 깊고 땅덩이도 넓은 강대국으로 생각하고 있는 것은 안타까운 일이다. 아주 오래전부터 고구려에 이르기까지 우리 민족은 넓은 영토의 강대국으로 중국과 대등한 나라였음을 인식하고 국민이 당당해졌으면 한다.

중국은 현재도 고구려와 발해를 자기네 역사 속으로 편입하는 동북공정을 계획하여 한국의 고대사를 뿌리째 흔들려 하고 있다. 우리도 유구한 역사를 세계에 알려 동북공정에 대처해야 한다. 한국사가 아닌 자기네 중국 조상이 쓴 역사서 ≪동이열전≫에도 엄연히 기록되어 있는 동이 나라의 후예 고구려 발해를 부정할 수야 없지 않겠는가? 더불어 독도가 자기네 땅이라고 우기는 일본의 정치적 교활함에도 당당하게 역사적 근거자료를 제시하여 우리 땅이 분명함을 만천하에 적극적으로 알려야 하리라.

주변의 강대국들이 비열하게 꾸며낸 역사를 바로 세우려면, 우리 정부와 국민도 끊임없이 제대로 된 역사관을 정립하여 한국사를 올바로 알려 줄 의무가 있다. 과거를 바로 알 때 다시는 잘못된 역사를 되풀이하지 않을 것이다. 그래야만 미래의 후손들에게 떳떳한 조상이 될 수 있다. 얼마 전까지 국사 교육을 소홀히하여 각종 국가고시에서 국사 과목을 제외하였다. 하지만 요즈음 역사의 중요성을 깨닫고 다시 국사교육을 강화한다니 얼마나 다행한 일인가.

〈용비어천가〉에서 '뿌리 깊은 나무는 바람에 흔들리지 아니하므로 꽃이 찬란하게 피고 열매가 많다.'는 말처럼 우리 민족의 뿌리인 단군 조선의 유구한 역사를 후손들에게 제대로 알려 주어야 한다. 역사를 바로 알 때 현재를 현명하게 대처하고 한민족의 자긍심을 높일 수 있으리라. 먼 훗날 나뭇잎이 무성한 큰 나무로 우뚝 서는 대한민국이 되어, 우리의 역사와 문화가 찬란하게 꽃피어 세계에 널리 퍼져 나가는 날을 그려본다.

(2011. 6.)

4부

구름을 벗어난 마추픽추 풍경은 세계 7대 불가사의로 손색이 없는 아름다운 비경이었다.

호박꽃 사랑

호박 같은 여자이고 싶다. 호박은 잎부터 열매, 씨까지 전부를 주고도 거만하지 않아서 좋다. 호박 같은 사람이 많아진다면 온 누리는 나눔이 넘치는 따뜻한 세상이 될 것이다.

호박꽃 사랑

시댁에 들어서니 대문 앞 텃밭에 노오란 호박꽃이 등불처럼 환하게 피어 있었다. 호박잎 사이로 보이는 애호박은 윤기가 자르르 흘렀다. 문득 친정엄마가 부쳐주던 호박전이 생각났다. 언덕을 감싸고 뒤엉킨 넝쿨을 젖히고 반짝이는 애호박을 땄다. 언덕 한귀퉁이에서는 누르스름하게 호박이 익어가고 있었다. 가느다란 줄기에 둥글둥글 달린 호박덩이들이 어머니에게 매달린 자식들 같아 어린 시절이 떠올랐다.

그 옛날 우리 집은 울도 담도 없었다. 집 주변엔 자그마한 텃밭이 있었다. 어머니는 그곳에 호박, 부추, 근대, 상추 등을 골고루 심었다. 엄마 손을 거치면 요술처럼 갖가지 채소가 무럭무럭 자랐다.

비가 부슬부슬 내려서 나가 놀지 못하고 방에만 있는 날에는

"엄마, 심심해. 부침개 먹고 싶어."

내 말이 떨어지기가 무섭게 어머니는 텃밭에서 애호박을 따고 부추를 베어오셨다. 그 시절엔 미국에서 구호물자로 보내준 밀가루가 우리 집에 넉넉하게 있었다. 밀가루도 있으니 전을 부칠 준비는 다 되었지만 기름이 문제였다. 그 당시에는 들기름이 비싼지라, 엄마는 동네 정육점에 가서 돼지비계를 얻어왔다. 달궈진 프라이팬에 비계를 올려놓고 기름을 빼서 종지에 담아서 기름 대신에 썼다. 호박과 부추를 숭숭 썰어서 밀가루로 반죽하여 비계 기름을 두른 뒤에 전을 부쳤다. 고소한 냄새에 군침을 삼키며 나는 부침개가 익어가길 기다렸다. 호박전이 노릇노릇 구워지면, 어머니는 목을 빼고 기다리는 내게 뜨끈뜨끈한 부침개를 건넸다. 호호 불며 먹는 호박전은 입안에서 살살 녹았다. 바삭하고 야들야들하니 그 오묘한 맛은 지금도 잊을 수 없다. 처마 끝 낙숫물소리를 들으며 호박전을 먹는 그 순간만은 이 세상 누구도 부럽지 않은 행복한 시간이었다.

어릴 적 내가 천식으로 숨이 차서 잠 못 이룰 때면, 어머니는 머리맡에서 꼬박 밤을 지새웠다. 한숨을 쉬며 '기침병을 나에게 다오. 내가 대신 아프게.'하고 중얼거리셨다. 날이 밝아 학교에 갈 때면 어머니는 책가방을 머리에 이고 잠을 못 자 지친 나를 데려다 주셨다. 며칠을 기침으로 하얀 밤을 보내노라면 어머니는 늙은 호

박으로 직접 단방약을 만드셨다. 호박 꼭지를 도려내어 그 속에 닭과 지네, 갱엿, 콩나물을 넣고 봉한 다음, 한지를 바르고 황토를 덧발랐다. 그 호박 위에 왕겨를 수북이 쌓은 후 불을 댕겼다. 불씨는 꺼질 듯 말 듯 모락모락 연기를 피워 올리며 서서히 탔다. 밤이 지나고 다음 날 저녁까지 어머니는 연기에 눈물 흘리며 왕겨를 수시로 부어 불이 꺼지지 않게 하였다. 이윽고 불이 사그라지면 잿더미 속에서 호박을 꺼냈다. 꼭지를 열고 푹 고아진 갈색 물을 따라서 여러 날 동안 나에게 먹였다.

단방약을 만들 때 어머니 모습은 수행하는 스님 같았다. 기침으로 숨이 꺼져가는 딸에게 생명의 불씨를 불어넣으려는 듯, 혼신을 다하여 밤새워 불을 지폈다. 병원에 갈 형편이 안 되니 단방약이라도 먹여서 병을 낫게 하고 싶은 어머니의 애달픈 사랑이었다. 어머니의 정성이 하늘에 닿았는지 지금은 천식이 흔적도 없이 사라졌다. 나도 어머니처럼 긴 밤 내내 불을 지펴서 단방약을 만들 수 있을까? 병원비는 선뜻 줄지 몰라도, 지극정성으로 만든 어머니의 호박 단방약은 감히 흉내도 내지 못하리라.

사람들은 흔히 예쁜 여자를 장미, 미운 여자는 호박에 비유한다. 장미는 보기에 아름답고 향기로워서 그런 비유를 했을 것이다. 어여쁜 장미는 사랑의 꽃다발로, 때로는 향기로운 향수로 만들어져 사람들의 사랑을 받는다. 하지만 잘못 건드리면 날카로운 가시에 찔려 피를 흘리며 상처를 입을지도 모른다. 이에 비해 미운 호박은 어떤가? 어린 호박잎은 쪄서 된장에 밥을 싸먹고, 애호박은 나물과 부침개, 찌개를 해먹는다. 늙은 호박은 떡과 죽, 그리고 즙과 단방약으로 쓰인다. 요즈음은 호박씨까지도 건강식품으로 쓰인다. 호박은 버릴 것이 하나도 없다.

나에게 어떤 여자가 되겠느냐? 묻는다면 호박 같은 여자이고 싶다. 겉모습이 장미처럼 아름답기만 한 여자이기보다는 마음이 푸근한 사람이 되고 싶다. 호박은 잎부터 열매, 씨까지 전부를 주고도 거만하지 않아서 좋다. 호박 같은 사람이 많아진다면 온 누리는 나눔이 넘치는 따뜻한 세상이 될 것이다. 어머니의 헌신적인 사랑은 자신의 모든 것을 아낌없이 내어주는 호박을 닮았다.

텃밭에서 따온 호박으로 전을 부쳤다. 노릇노릇 구워진 부침개는 고소하면서도 달착지근한 맛에 입안으로 저절로 넘어갔다. 호박에는 어머니의 깊은 사랑이 담겨 있어 호박전이 더 맛있는 게 아닐까.

(2012. 10.)

연리지의 눈물

사람들은 언제나 푸른 나를 좋아하지요. 가을에는 오색찬란한 단풍을 부러워하다가도, 눈보라 치는 겨울에 푸르게 빛나는 내 모습을 보노라면 당당한 그 기상에 흐뭇한 미소가 피어나지요. 흰 눈 속에서도 독야청청한 저를 사람들은 충신에 비유해 칭송하니 소나무로 태어나길 잘한 것 같아요. 요즈음에는 사람들이 저를 찾아와 감탄하며 손 모아 기원도 한답니다. 나를 우러러보는 그들을 보고 처음엔 우쭐했지요. 내가 제일 멋진 소나무라 그런 줄로 생각했거든요. 그런데 알고 보니 그게 아니었어요. 궁금하면 이야기 들어 볼래요?

솔바람 부는 언덕길에 외로이 서 있는 저를 가끔 찾아오는 친구는 다람쥐나 청설모지요. 애들은 장난이 심하여 나뭇가지를 잘근 잘근 씹기도 하고 이리저리 옮겨 다니며 간지럼을 태워 나를 웃게 하지요. 산새들이 날아와 즐거운 노래를 들려주기도 한답니다.

어느 맑은 봄날, 어디선가 바람을 타고 신선한 향기가 풍겨왔어요. 그런데 산뜻한 그 향내는 금방 날아가 버렸어요. 능선 너머로 사라졌나? 가슴을 사로잡는 상큼한 그 향기를 잊지 못하겠더군요. 멍하니 능선을 바라보는데, 누가 내 옆구리를 툭 치더라고요. 바라보니 내 옆에 있는 소나무였어요. 때마침 부는 바람결에 느껴지는 청아한 솔향기! 조금 전 내 마음을 파고든 싱그러운 솔향은 바로 곁에 있던 믿음직한 소나무의 향기였어요. 가까이 있는 줄도 모르고 나는 먼 산만 쳐다봤지 뭐예요. 우리 사랑은 그때부터 시작되었어요.

바람이 불 때마다 우리는 가지를 늘어뜨려 서로 손끝을 스치며 애절하게 만났지요. 움직일 수가 없으니 가까이 가는 유일한 방법이었어요. 새들과 다람쥐가 그렇게 부러울 수가 없더군요. 마음만 먹으면 언제나 만날 수 있으니까요. 서로 사모하는 마음을 바람결에 우우우 사랑노래로 실어 보냈어요. 그저 바라만 보며 마냥 세월만 보낼 수는 없더라고요. 애타는 우리 사랑은 언제부터인가 서로를 향해 가지를 뻗어 가고 있었어요. 만나고 싶은 절절한 마음에 나뭇가지를 자꾸 늘이다 보니 점점 가까워지더니, 어느 틈엔가 서로의 껍질에 닿게 되었어요.

그러던 어느 날 불타오르는 우리 사랑에 강력한 전류가 흘러 벼락에 감전된 듯, 철갑처럼 두꺼운 껍질을 뚫고야 말았어요. 껍질이 벗겨진 우리 몸에선 피가 흐르고 있었어요. 상처의 고통보다 둘이서 만났다는 환희에 아픔도 잊을 수가 있었어요. 상처는 서서히 아물어가고 껍질을 벗어버린 우리는 속살까지 한몸으로 연결되었지요. 드디어 둘이 하나가 되어 완전한 사랑을 이루게 되었어요. 이제는 구슬프게 연가를 부르며 홀로 울지 않아요. 서로 손잡고 영원한 사랑을 노래할래요.

몇 해 전부터 한가지로 이어진 우리를 보러 사람들이 신기하다며 모여들었어요. '연리지'라는 새 이름도 지어 팻말을 붙이더군요. 우리처럼 한 나무가 다른 나무와 연결되어서 나뭇결이 하나로 이어진 나무를 '연리지'라 하며 사랑 나무라고도 한답니다. 저를 찾아오는 까닭은 우리의 신비한 사랑을 보고 싶어서래요. 그런 줄도 모르고 괜스레 의기양양했지 뭐예요. 제 주변에 금산사가 있는데 '국보 62호인 미륵전' 문화재가 있다나 봐요. 그곳에 관광 온 사람들이 안내판을 보고 우리를 보려고 발길이 끊이지 않아요.

그리워하는 마음이 연리지가 되어 백 년 동안이나 변함없는 사랑을 지켜왔다고, 사람들은 우리를 무척 부러워하더군요. 사랑 나무를 닮은 영원한 사랑을 소원하기도 하고요. 요즘 사람들은 변덕스러워 사랑도 자주 변한다나 봐요. 백 일 동안 연인이었다고 백일 기념도 한다나 뭐라나. 우리의 백 년 사랑에 비하면 감히 명함도 못 내밀 그런 짧은 사랑을 자랑하는 사람들의 호들갑에 웃음이 나온답니다.

그런데 이게 어찌된 일이에요? 바람이 몹시 불던 어느 날, 우리 사랑은 흔들리기 시작했어요. 세차게 몰아치는 강풍에 이리저리 휘청거리던 우리는 서로에 의지하여 가까스로 서 있을 수 있었어요. 며칠 뒤 엎친 데 덮친다고 볼라벤 태풍이 온 세상을 집어삼킬 듯 휘몰아쳤어요. 연이은 태풍에 둘이 온 힘을 다하여 발버둥쳤지요. 하지만 무시무시한 태풍의 위력 앞에 우리는 너무나 나약했어요. 죽을힘을 다해 버텨보았으나, 한순간에 우지끈 소리를 내며 우리의 사랑 가지가 부러지고 말았지 뭐예요.

둘이서 긴 세월 애틋하게 그리움을 실타래로 엮어 피워낸 연리지가 끊어지고 말다니요. 덧없이 갈라진 사랑 나무! 껍질을 뚫고 피 흘리는 아픔 속에 만난 사랑. 그 상처가 옹이로 박혀 그 흔적이 붉은 관솔로 남아 있건만. 애달픈 우리 사랑이 이토록 허무하게 무너져내리다니. 가슴을 도려내는 서러움에 하염없이 눈물만 흘렸지요. 상처의 멍울은 끈끈한 송진이 되어 끊어진 가지를 이어 보려 했어요. 하지만 한 번 잘린 연리지를 연결하기란 오작교에서 견우 직녀가 만나기보다 어려우니 어쩌면 좋아요.

입소문을 듣고 연리지를 보러온 감성적인 한 여인은 우리 갈라진 가지를 보고

"연리지 너를 보러 왔는데 부러진 가지가 웬 말인고. 오호, 슬픈

사랑이여!"

넋두리를 하며 한참을 내 몸을 어루만지며 안타까움에 한숨지었어요. 어떤 얄궂은 아저씨는 "걔네들이 바람피우다 그리되었어요. 태풍이라는 바람 말이에요."하며 낄낄 웃고 지나갔어요. 바람이라니 너무 억울해요. 불가항력인 태풍이 우리의 사랑을 갈라놓은 거예요. 아마 우리 백 년 사랑에 시샘을 낸 어느 마왕이 강풍을 몰고 온지도 몰라요. 아니면 사람들의 칭송에 기고만장해진 우리에게 겸손함을 알려주려고 그렇게 한 것일까요? 사랑이 영원할 줄 알고 의기양양하게 뽐내며 서 있었거든요.

이 세상에 영원한 것은 없다는 진리를 태풍이 쓸고 간 뒤에야 알게 되었어요. 대자연 앞에 우리 미물들은 언제나 겸허하고 감사해야 한다는 사실을 부러진 연리지를 보고 비로소 깨닫게 되었어요.

마지막 안간힘을 다하여 사랑 나무가 눈물로 전합니다. 사람들이여! 갈라진 사랑이 얼마나 가슴 아픈 일인지 끊어진 연리지를 보고 느꼈을 거예요. 우리처럼 슬픈 사랑으로 눈물 흘리지 말고. 거센 태풍이 몰아쳐도 한 번 맺은 인연은 서로 손잡고 이겨내어 사랑으로 이 세상을 아름답게 빛내주세요.

(2013. 3.)

꽃가마 타고 시집가는 날

한벽루 굽이 돌아 맑은 물 흐르고 냇가에 갈대가 손짓하는 전통문화관에서 꽃가마 타고 시집가는 날! 가을이라 하늘도 푸르고 바람도 서늘하였다. 천변 길가에 연두색 수양버들이 한들거리는 모습을 보니. '수양버들 춤추는 길에 꽃가마 타고 가네.'라는 노래가 떠올랐다.

혼례식장에 들어서니 천막을 친 마당은 이른 시각이라 아직은 텅 비어 있었다. 꽃가마 앞에서는 하객 몇이 신부와 사진을 찍느라 웃음소리가 처마 끝을 맴돌았다. 쪽 창문으로 비친 신부는 이제껏 본 모습 중 가장 어여뻤다. 족두리를 쓰고 있어 더욱 고왔다.

친척들이 하나둘 모여들었다. 반가움에 서로 손을 부여잡고 좋아했다. 오랜만에 만난 친지들은 서로 얼싸안고 눈시울을 붉혔다. 그동안 밀린 이야기 타래를 풀어내느라 시간을 거꾸로 돌리고 있었다. 새벽부터 종종걸음을 친 발바닥이 자꾸만 나를 의자로 끌어당긴다. 눈에 띄는 빈 의자에 앉아 잠깐의 여유를 가져본다. 오늘은 시부모님 결혼 육십 주년 혼례식을 하는 날. 부모님의 아름다운 동행 60년 해로에 친지들이 모여 축하하고 즐기는 축젯날이다. 오남매의 큰며느리이기에 한 올 한 올 수를 놓아 한벽당 너른 마당에 회혼례를 펼쳤다.

어제는 시어머니를 모시고 마사지실에 갔다. 처음으로 마사지를 받는다고 어린애처럼 좋아하였다. 얼굴에 다림질을 해주니 잔주름이 펴져 젊어졌다고 신이 나셨다. 오늘은 아침 일찍 조카딸과 함께 어머니께 화장을 곱게 해드렸다. 시부모님과 미장원에 가서 어머니 머리를 쪽지고 다래 머리를 올리니 영락없는 새색시였다. 아버님도 오늘만은 비비크림으로 얼굴을 뽀얗게 해드렸다. 근엄한 아버님도 며느리 손길로 곱게 단장해 드리니 함박웃음을 지으며 좋아하셨다. 오래전부터 시아버님께서는

"우리 할아버지, 아버지 2대에 걸쳐 회혼례를 하였으니 나도 3대째 회혼례를 하여 건강과 다복함을 보이고 싶다."

그 말씀을 새겨듣고 회혼례를 해드리려고 마음 먹었다. 그러나 어머니께서 다리가 아프셔서 몇 해 전에 인공관절 수술을 하셨다. 얼마 뒤에는 폐암에 걸려 수술을 하고 또 재수술까지 하여 회혼례

를 하는 팔십 세까지 건강하실까 무척 염려되었다. 우리 부부는 회혼례를 할 수 있게 건강하시길 바라고 또 바랐다. 드디어 오늘, 병마를 이겨내고 이렇게 건강한 모습으로 회혼례를 올리게 되니 꿈만 같았다. 결혼해서 60년을 같이 살아야 열 수 있는 '회혼례回婚禮'란 쉬운 일이 아니다. 자녀가 없거나, 죽거나, 이혼해서도 안 된다. 범법행위가 있어서도 안 된다. 오복을 두루 갖춘 결혼 육십 주년이 되어야만 회혼례를 치를 수 있다. 남남이 만나 환갑의 나이를 산다는 것은 일찍 결혼하던 옛날에도 드문 일이었다. 그런데 3대에 걸쳐 오늘 시부모님이 회혼례를 하니 하늘이 내린 축복이다.

이러한 사례가 흔하지 않은 일이라 지방 신문사에 기사자료를 보냈더니, 회혼례하기 3일 전에 신문에 냈다. 그것을 보고 ≪국민일보≫에서도 기사가 좋다고 다음 날 신문에 크게 냈다. 그 기사를 보고 KBS방송국에서도 본보기가 되는 사례라고 회혼례를 촬영하여 〈굿모닝코리아〉 프로에 방영하고 싶다는 요청이 왔다. 마음은 쓰였지만 평범한 시민이 전국방송을 탄다니 어찌 거절할 수 있으리. 그래서 오늘, 방송 담당자가 카메라를 들고 아침부터 회혼례 과정을 녹화하느라 분주히 사람들 사이를 오가고 있다.

어느덧 사람들이 차일 마당 가득 모였다. 사물놀이패의 흥겨운 길놀이로 회혼례가 시작되었다. 주례 선생님의 '신랑입장'이라는 말에 기러기를 든 기럭아비를 앞세우고 사모관대를 입은 아버님께서 당당하게 들어오셨다. 주변에서 킥킥 웃음소리가 들렸다. 나이

든 신랑이 싱글벙글 좋아하는 모습이 웃음보따리를 풀게 했나 보다.

'신부입장'이라는 말에 4명의 조카가 패랭이 모자에 하얀 한복을 입고 가마꾼이 되어 어머님을 꽃가마에 태우고 씩씩하게 입장하였다. 문득 십 년 전 중국여행 중에 시어머니께서 다리가 아파 잘 걷지 못하자, 기마전 하듯이 손자들이 할머니를 태우고 군가를 부르며 금편계곡 길을 걷던 모습이 떠올라 조카들이 더욱 대견해 보였다. 체험 학습하러 온 초등생 한 무리가 층계에 앉아 신기한 듯 혼례식을 지켜보았다. 한옥마을을 돌아보던 여행객들도 풍악소리에 이끌려 들어왔다. 구경꾼이 많으니 더욱 잔치 분위기가 났다. 두 분이 합환주를 나누고 절을 하였다. 아버님께서 땅바닥에 납작 엎드려 절하자 주례 선생님이

"나이 많은 신랑이 구부리는 척만 하시지. 좋아서 바닥까지 엎드리니 너무 정정하여 꼭 젊은 새신랑 같습니다."

라고 말하여 차일 마당은 한바탕 웃음바다가 되었다. 흥겨운 판소리를 들으며 회혼례는 끝이 났다.

이어서 병풍이 둘러쳐진 방안에 차려진 교자상 앞에 부모님을 모셨다. 5남매의 절을 받은 뒤 친지들로부터 *헌수와 축하를 받으셨다. 친지들의 축복을 받으니 두 분은 입가에 웃음이 떠나지 않았다.

"오늘 매우 행복하다. 이보다 더 좋을 수는 없다. 많은 친지의

축복 속에 회혼례를 해준 너희가 정말로 고맙다."

시아버님께서 감동 어린 목소리로 말씀하셨다. 어머니도 연신 맞장구를 치며 웃으셨다. 남매들도 흐뭇한 표정이다. 부모님께서 그토록 기뻐하니, 회혼례를 준비한 우리도 보람되고 즐거웠다.

대가족 공동체가 점점 해체되어가는 요즈음 온 가족이 건강하고 화목하여 부모님께 회혼례를 해드릴 수 있다는 그 사실만으로도 복 받은 가정이라는 생각이 들었다. 이에 걸맞게 더욱 겸손하고 인정을 베풀며 주위를 환하게 밝히는 등불 같은 집안이 되어야겠다는 생각이 들었다.

(2011. 9.)

*헌수: 환갑잔치 등에서 장수를 비는 뜻으로 술잔을 올림.

구름 위의 도시

석양빛을 보며 브라질 리오에서 일곱 시간을 비행하여 으스름 달빛을 안고 페루의 수도 리마에 도착했다. 대서양에서 태평양까지 횡단하였으니 동에 번쩍 서에 번쩍 남미 땅이 넓기는 넓은가보다. 호텔에서 잠시 눈을 붙이고 다음 날 아침 일찍 국내선을 타고 꾸스꼬에 당도했다. 맨 먼저 아르마스 광장으로 갔다. 길가에서 원색의 털실 옷을 입고 모포를 짜고 있는 인디오는 시공을 초월한 잉카 여인의 모습이었다. 말로만 듣던 잉카의 수도에 입성한 것이다.

잉카제국의 수도 꾸스꼬는 안데스산지에 자리하고 있다. 꾸스꼬는 잉카말로 '배꼽'이라는 뜻으로 이곳이 세상의 중심이란다. 11세기부터 꾸스꼬를 중심으로 시작된 잉카제국은 남아메리카에서 가장 거대한 나라였다. 하지만 잉카제국의 영화는 1534년 스페인과 삭사이와만에서 치른 마지막 전투에서 패하여, 그들의 식민지가 되면서 사라져갔다. 그 뒤 삼백 년 가까이 식민지 생활을 하다가 1821년 스페인을 물리치고 페루로 독립하였다.

아르마스 광장에 들어서자 산토도밍고 성당의 우뚝 솟은 둥근 지붕이 고색창연하게 다가왔다. 붉은 벽돌로 지은 성당은 중세 유럽풍 건축물이었다. 스페인 정복자들은 잉카 신전을 부수고 그곳에 성당을 지었다. 잉카의 문명을 짓밟고 그 위에 자신들의 성전을 세운 것이다. 지진이 일어났을 때 잉카인들이 자연석으로 쌓은 석축은 그대로 남고 스페인 사람들이 벽돌로 지은 성당은 무너졌다고 한다. 후대에 지은 성당보다 오래된 잉카 신전이 더 튼튼하다니 감탄이 절로 나왔다.

잉카유적지 중에서 세계인이 가장 가보고 싶은 마추픽추로 가는 길에 땀보마차이 유적지에 들렀다. '성스러운 샘'이라는 뜻의 이곳은 물의 근원이 어딘지 모르는 샘물이 언덕을 따라 흘러내렸다. 아무리 가물어도 이곳엔 물이 고인다고 한다. 끊임없이 흐르는 물을 모아 사람들은 식수로도 쓰고, 제사장은 목욕재계하고 제례를 올리기도 했다. 해발이 높아서 숨이 차올라 걷기가 힘들었다. 빨리빨리 가 몸에 밴 한국 여행객들도 높은 기압에 눌려 맥을 못 쓰고 아주 느릿느릿 걸으며 명상 삼매경에 젖어 걸었다.

이튿날 고대하던 마추픽추로 향했다. 안데스 산간 지방이라 여름인데도 서늘하여 가을옷을 입고 기차를 탔다. 차창 밖으로 보이는 평야에는 페루 사람들의 주식인 옥수수 밭이 끝없이 펼쳐지고 있었다. 모처럼 기차를 타자 소풍 나온 어린이처럼 들떠 이야기를 나누다 보니, 어느덧 목적지 역에 도착하였다.

우리 일행은 마을버스로 갈아타고 마추픽추 정상을 향해 올라갔다. 굽이굽이 골짜기를 돌 때마다 하얗게 부서지는 우루밤바 강물이 저 멀리 보이고 우뚝 솟아 있는 기암절벽과 어우러진 열대우림은 가히 절경이었다. 높은 산악지대라 그런지 맑은 날씨가 금방 어두워지더니 비가 내리기 시작했다. 창가에 맺히는 빗방울을 보며 마추픽추를 제대로 볼 수 있을지 걱정했다. 정상에 가까워지자 안개비로 변하더니 다행히 비는 그쳤다. 차에서 내려 이십 분 정도 걸어가자 드디어 마추픽추에 당도했다.

기대와는 달리 흰 구름이 자욱하게 시야를 가려 마추픽추가 보이지 않았다. 한참을 막연히 서 있었다. 어느 순간 구름이 사라지고 신비의 베일을 벗듯 서서히 마추픽추가 모습을 드러냈다. 눈앞에 펼쳐진 광경은 한 폭의 그림이었다. 멀리 바위산을 배경으로 푸른 다랑논과 돌담 집들. 산허리를 휘감은 운무는 공중도시의 신비로움을 더하였다. 구름을 벗어난 마추픽추 풍경은 세계 7대 불가사의로 손색없는 아름다운 비경이었다. 구름 띠를 두른 마추픽추 풍광을 카메라에 담으니 한 장의 그림엽서가 되었다.

돌담길을 걸으며 안내자의 설명을 들었다. 안데스 산맥 해발 2,430m 바위산 꼭대기에 남아 있는 잉카 최대 유적지 마추픽추. 가장 번성했을 당시 일만 명이나 되는 잉카인들이 살았다고 한다. 그런데 16세기 후반 그들은 홀연히 사라졌다고 한다. 공중도시 잉카인들이 어찌하여 돌연히 사라졌을까? 미궁 속으로 사라진 그들이 더욱 신비롭게 다가왔다. 무심히 흐르는 세월에 묻혀 마추픽추는 사람들의 기억에서 사라져갔다. 그러다가 1911년 미국인 하이럼 빙엄에 의해 이곳이 발견되었다. 탐색 당시 마추픽추는 세월의 풀에 묻혀 폐허의 도시였다. 발견 전까지 아무도 모르고 산과 구름에 가려 밑에서 보이지 않았기에 마추픽추를 '잃어버린 공중 도시'라고 했다.

마추픽추 사람들은 태양신을 섬겼다. 둥그런 지붕을 돌로 쌓은 태양신전 안으로 들어섰다. 새해 첫날에는 조그만 창문을 통해 햇빛이 일직선으로 들어온다고 했다. 천문학까지 이용하여 만든 잉카인의 기하학이 놀라웠다. 신전 외의 집은 벽면만 돌로 쌓고 지붕은 풀을 엮어서 지었다. 세월이 흘러 지붕은 썩어서 사라지고 지금은 돌벽만 남아 있었다. 자연석의 모난 귀퉁이를 파인 돌로 맞물려 튼튼하게 쌓은 잉카인의 기술은 신기에 가까웠다. 돌담길을 돌아 나올 때 계단식 논에서 그 옛날 잉카인이 옥수수 다발을 들고 나타날 듯한, 세월이 멈춰버린 마추픽추의 풍광이었다.

꾸스꼬로 다시 돌아와 레스토랑에서 저녁 식사를 하였다. 잉카의 후예인 인디오들이 전통악기를 연주하며 그들의 민요를 구슬프게 노래했다. 이제까지 들었던 음악 중에서 사람의 마음을 가장 편안하게 해주는 선율이었다. 아마도 그들의 잃어버린 도시에 대한 슬픔이 묻어나 심금을 울리는 천상의 음률이 흘러나오는지도 모른다. 마음을 아늑하게 해주는 음악이 좋아 시디(CD)를 샀다. 지금도 가끔 우리나라 축제장에서 안데스 음악이 들리면 무언지 모를 신비한 마력에 빠져 저절로 발걸음이 멈춰진다.

숙소에 돌아오니 피곤해서인지 눈이 스르르 감겼다. 구름 걸친 바위산 아래, 녹색 다랑논과 돌담 집이 아른거렸다. 마추픽추가 내 마음에 아름다운 풍경화로 새겨졌나 보다.

물푸레나무 아래서

물푸레나무 밑에 누웠다. 시야가 온통 초록 물결이다. 물푸레나무의 둥그런 나뭇잎이 맹감나무 잎처럼 촘촘히 늘어져 있어 그늘이 깊었다. 어떤 이파리는 햇빛이 투영되어 연초록으로 맑게 빛났다. 햇살의 일렁임과 그림자의 조화로 청록, 녹색, 연두로 반짝이는 잎사귀들은 오월의 푸르름으로 싱그러웠다.

김천 가는 길에 무흘구곡에 들렀다. 아들을 만나러 가는 도중에 새로운 풍경을 보려고 일부러 아침 일찍 출발하였다. 시간이 넉넉하여 계곡가 물푸레나무 아래 널따란 바위에 자리를 폈다. 평평한 반석 위에 누워 푸른 이파리를 올려다보니 마음이 새털처럼 가벼워졌다. 나뭇잎으로 덮인 녹색 지붕 아래 고즈넉이 있으니 계곡 물소리가 청아하게 들렸다. 물살이 돌돌 흐르다가 바위를 만나 콸콸 휘돌아가는 소리는 가슴까지 시원해졌다. 바람결에 하늘하늘 춤추는 잎새들. 얼굴을 살랑살랑 어루만지는 산골 바람은 얼마나 상쾌한지. 푸른 잎과 청량한 물소리는 도시의 여자를 명상 속으로 데려갔다.

보리수 아래서 석가모니는 깨달음을 얻고 부처가 되었다고 했던가. 석가모니는 인간이 나쁜 마음을 가지는 원인은 욕심, 화, 어리석음 때문이라고 했다. 이를 잘 다스리려면 명상을 하고 바른말과 행동을 하여야, 인간이 번뇌에서 벗어나 마음의 평화를 찾는다고 했다. 서늘한 물푸레나무 아래서 사색에 잠기니 잡념이 사라지고 마음이 고요해졌다. 신록으로 물든 숲은 흐릿한 내 눈을 맑게 하고, 어디선가 우는 아름다운 새소리는 소음에 멍든 귀를 청명하게 해주었다. 물푸레나무 밑에 가만히 있기만 해도 심신이 저절로 청정해지는 것 같았다.

암반 위를 흐르는 물은 저만치 절벽이 있는 줄도 모르고 재잘거리며 아래로 흘러가고 있었다. 높은 곳에서 낮은 곳으로 흘러가는 물을 보니 문득 노자의 말이 떠올랐다. 노자는 '최상의 선은 물과 같다.'고 했다. 물은 만물을 소생시키지만 자기주장을 하지 않고 누구나 싫어하는 낮은 곳으로 내려간다. 노자의 철학은 한마디로 '무위'의 사상이다. 여기서 무위無爲란 아무것도 하지 않는 것. 만물의 이치는 '그렇게 될 일은 그렇게 됨'이라는 뜻으로 손대지 않은 자연 그대로를 말한다. 즉 억지로 욕심내어 어떤 일을 하지 않아도 될 일은 저절로 된다는 뜻이다. 그의 말은 오늘을 사는 우리에게 '삶을 어떻게 살 것인가?' 하는 우문에 현답을 내리는 명언이다. 모두 높은 곳을 향하여 질주하는 요즘, 명예와 권력과 돈에 집착하는 많은 이들에게 자신을 되돌아보게 하는 말이다. 남을 배려하며 살기보다 나만 잘살면 그만이라는 이기주의가 팽배한 오늘날. 물처럼 낮은 곳으로 흘러가는 겸손함을 일깨우는 진리다. 낮은 자세로 다른 사람을 섬길 때, 선한 마음이 되리라. 얕은 곳으로 흐르는 물과 같이 산다면 세상은 자연히 평온해질 것이다.

사람이 어찌 항상 바른말과 행동만 할 수 있겠는가. 때로는 욕심도 내고 화도 내며 가끔은 유치하고 어리숙해, 돌아보면 조금씩 부끄러워지는 게 우리네 인생살이 아니던가. 아직은 시리도록 차가운 계곡물에 손을 씻었다. 서늘한 기운이 가슴 깊이 스며들었다. 지난 세월 동안 일상에 찌든 얼룩진 마음 자락을, 맑은 물에 씻고 또 씻어 깨끗한 영혼으로 헹구어내고 싶다. 그리하여 맑은 눈으로 세상을 보는 혜안이 내 마음에 둥지를 틀면 얼마나 좋을까?

산속에 나를 내려놓고 있으니 눈앞에 보이는 사물이 그대로 내 눈에 들어왔다. 암반 위를 흐르는 물은 맑디맑아 바닥에 모래알까지 훤히 보였다. 물푸레나무 사이로 단풍나무와 참나무도 보이고, 바로 옆에는 닥나무도 있었다. 계곡 건너편에는 층층나무에 하얀 꽃이 소담스레 피어 있었다. 자연과 동화되어 있으니 내 마음도 초록으로 물들었다. 푸른 나뭇잎과 쏴르르 흐르는 물소리는 일상에 시달린 마음을 맑게 해 주었다. 숲 속에서 사유하는 일이야말로 내 영혼을 치유하는 시간이었다.

계곡을 건너 오솔길을 따라 내려갔다. 물줄기 쏟아지는 소리가 쏴아아 크게 들려오는 걸로 보아 폭포가 지척에 있다는 걸 알 수 있었다. 모퉁이를 휘돌아가니 기암절벽 사이로 물줄기가 시원스레 쏟아져 내렸다. 입구에 표시된 용추 폭포였다. 갈색과 황토색이 어우러진 절벽 사이로 물보라가 하얗게 부서졌다. 양쪽으로 협곡이 늘어서 있어 폭포의 절경을 더하였다.

별로 기대하지 않고 지나는 길에 들른 곳이 뜻밖에 비경이라, 마음마저 아름답게 물든 하루였다. 잠시 속세를 떠나 물푸레나무 아래서 명상을 하여 마음은 영롱해지고, 눈은 신록을 닮아 푸르게 빛나는 날이었다.

(2013. 5.)

*노자 : BC 6세기경 춘추전국시대 사람으로 '도가'의 창시자. 노자가 지은 ≪도덕경≫은 도(道)와 덕(德)에 대해서 다루고 있으며, 무위자연을 꿈꾸는 평화주의 사상을 싹트게 한 경서다.

돌아온 의병

어렸을 적 나는 어머니를 따라 창극을 하는 곳에 자주 갔다. 풍남문 밖 전주천 널따란 자갈밭에서 약장수들이 약을 팔기 위해 마련한 가설무대에서 펼쳐지는 공연은 흥미진진했었다. 애절한 판소리와 더불어 펼쳐지는 창극은 사람들의 심금을 울렸다. 그곳에서 펼쳐지는 장희빈, 사도세자 극은 나에게 상상의 날개를 달아주었다. 다음은 어떻게 될까? 호기심으로 어린 가슴을 뛰게 했다. 그 뒤로 새로운 이야기에 끌려 책을 읽게 되었다. 그중에서도 역사가 살아 있는 책을 좋아했다. 과연 내가 주인공이라면 어떻게 나라를 지킬 수 있을까, 생각하며 그 시대를 그려본다. 그런데 책 속에나 있는 줄 알았던 역사 속의 인물이 현실로 다가왔다.

해마다 사월이 오면 연례행사로 시댁에서는 시제를 모신다. 어느 날 달력을 들여다보던 남편은

"여보, 올해 시제는 '덕천서원' 제막식을 하는 뜻깊은 행사이니 아들도 내려오라고 할까 봐. 당신도 같이 갑시다."

라며 덕천사의 내력을 말해줬다. 원래는 사당인데 2010년에 성균관에 의해 덕천서원으로 승격하였으니 집안의 광영이라고 은근히 자랑스러워했다.

며칠 뒤 제막식에 참석하려고 익산 시댁으로 향했다. 마을 어귀 고갯마루에서 바라보니 솔밭 사이로 보이는 서원 언저리에는 사람들이 오락가락 분주해보였다. 덕천서원 앞마당에 당도하자 제막식에 이어 *향사가 시작되었다. 남편은 아들과 함께 향교에서 나온 의관을 정제한 수십 명의 유림들 뒤에 서서 사극에서나 봄 직한 전통적인 제례를 거행하였다. 유교 관습에 따라 여인네들은 준비한 음식상을 차렸다.

나도 제례에 참석하고 싶었지만 관례상 어쩔 수 없었다. 대신 책자로 준 덕천서원 유래를 한적한 모퉁이에서 살펴보았다. 이제껏 시댁 옆에 있는 '덕천사'는 무과 급제한 조상님을 모신 사당 정도로만 알고 있었다. 책자의 삽화를 보며 서원의 내력을 펼쳐 든 순간, 어느덧 나는 1592년 임진왜란이 한창인 금산 벌로 달려가고 있었다.

동래부사를 지내다 낙향하여 있던 고경명은, 임진왜란이 일어나

자 담양에서 의거하여 의병을 이끌고 출전하였다. 그는 각 도의 백성들에게 '위기의 나라를 구하자.'라는 호소문을 써서 말 위에서 발표하였다. 이 소식을 듣고 시가의 12대 선조인 오응현, 응필, 응철 삼 형제도 익산지역 동지들을 규합하여 의병으로 금산벌전투에 참가하였다. 당시 왜군은 우리나라를 짓밟으며 파죽지세로 전라도 길목인 금산까지 밀고 들어와, 전주를 치려고 하였다. 그러나 각지에서 나라를 구하려고 횃불처럼 일어난 의병들의 기세에 눌려 잠시 퇴각하여 금산성에 진을 치고 은거하고 있었다.

금산성을 탈환하여 왜군의 침략을 막아내려고 1592년 7월 9일, 10일 이틀에 걸쳐 관군과 함께 삼 형제가 속한 의병부대는 왜군을 공격하였다. 훈련원 봉사로서 무예가 출중한 오응현 삼 형제도 고향 땅의 부모형제를 지키려고 금산 벌에서 죽을힘을 다하여 싸웠다. 적의 목을 십여 급이나 베는 전과를 올리며 선전하였으나, 안타깝게도 오응현, 응필 두 형제는 금산 벌에서 장렬하게 순절하였다. 그날 의병장 고경명을 비롯한 수많은 의병들도 죽을힘을 다해 싸웠으나, 수적인 열세로 전장의 이슬로 사라졌다.

지금은 역사 속의 사람들이지만 임진왜란 때 나라를 구하려고 수없이 목숨을 바친 이름 없는 의병들. 그들이 아니었다면 대한민국이라는 나라가 지금 존재할 수 있을까? 임진왜란의 영웅하면 흔히 이순신 장군과 우의정 유성룡, 승병장 사명대사 등이 떠오른다. 더불어 이렇게 풀잎에 맺힌 이슬처럼 사라져간 수많은 의병들의 구국정신이 없었다면. 오늘날 세계 속에 빛나는 자랑스러운 대한민국은 이미 400여 년 전에 사라졌을지도 모른다.

금산싸움에서 두 형을 잃고 혼자 남은 막내 오응철은 슬픔 속에서도 부모님을 생각하여, 시신을 수습하여 고향에 돌아왔다. 그는 선산에 두 형을 묻고 부모에게 정성으로 효도하였다고 한다. 나라에서는 오응현, 응필 두 분의 금산전투의 순절을 기려 '선무원종공신2등', 으로 녹훈했다고 ≪임진록≫에 수록되었다. 후손들은 두 형제의 충절을 추모하여 신기 마을 뒷산에 덕천사를 세워 향사를 지냈다. 그러다가 2010년에는 막내 오응철도 금산 벌에서 의병으로 싸운 공로를 인정하여 서원에 배향하였다. 이에 성균관에서는 ≪임진록≫에 기록된 형제의 공적을 인정하여 '덕천서원'으로 승격시켰다.

조정래의 대하소설 ≪아리랑≫에서 일본에게 나라를 잃고, 조국의 독립을 위해 목숨을 바친 이름 없는 의병과 독립군. 그들을 보면서 독립운동가인 선조가 집안에 있었으면 하는 바람을 막연히 가져보았다. 그런 조상이 있다면 떳떳할 것 같아서였다. 왠지 대한민국 사람으로서 애국을 한 그런 마음이라고나 할까. 이제 내가 바라던 대로 나라를 위해 목숨을 바친 선조가, 사백 년의 역사를 거슬러 의병으로 살아 돌아오셨다. 집안의 사당이 '덕천서원'으로 다시 태어나게 되었으니 가문의 영광이 아닐 수 없다.

뒷산 솔밭 사이로 이름 모를 새 한 마리가 긴 울음소리를 남기고 날아갔다. 어쩌면 그 옛날 금산 벌에서 순절한 형제의 혼이 고향 마을에 날아와. '우리의 구국정신을 잊지 말고 국가가 위급할 때 나라를 구하라.'고 후손들에게 들려주는 소리일지도 모른다.

(2011. 4.)

*향사 : 서원에서 제사를 지내는 의례.

가을빛 소녀들

가을 속을 달리는 차 안으로 햇살이 슬며시 고개를 들이민다. 상기된 얼굴로 무언가 읊조리는 우리가 궁금한가 보다. 여고 동창 넷이서 시를 외워보는 중이다. 마음이 통하는 친구들과 순수한 여고 시절이 그리워 시낭송을 배우러 다니는 길이다. 아름다운 시를 암송해 보는 것만으로도 우리는 이미 해맑은 소녀가 되어가고 있었다.

시낭송을 시작하던 날, 처음 보는 사람들도 많고 연령층이 다양해 분위기가 다소 어색했다. 하지만 한 사람씩 앞으로 나아가 자기소개도 하고, 시를 낭송하면서 실수하여 다 같이 웃다 보니 강의실엔 어느덧 봄바람이 불었다. 시간이 지남에 따라 그들이 하나둘 내 안으로 들어왔다. 무엇을 배운다는 것은 새로운 사람을 사귀어 인간관계의 폭을 넓히는 일이기도 하다. 모두 집중하여 시낭송하는 모습을 보며 배우는 열의 앞에서 나이는 숫자에 불과하다는 말이 실감 났다. '지금 그 사람 이름은 잊었지만 그 눈동자 입술은 내 가슴에 있네.……' 박인환의 시를 낭송할 때 감상에 젖는 모습. 살아온 세월의 어느 매듭을 이야기하며 눈시울을 적시는 그들은 감수성이 풍부한 소녀였다. 그 매듭의 빛깔과 향기는 다를지라도 마음만은 순수한 사람들. 시낭송하는 순간만은 우리 모두 인생의 의미를 노래하는 시인이 되어가고 있었다.

감미로운 시를 낭송하며 가을이 지나고 겨울의 길목에 들어서던 어느 날. 쉬는 시간도 줄여가며 열정으로 가르치던 우리의 멋쟁이 지도 교수님은 누구도 생각지 못한 깜짝 행사를 발표했다. 이제 아장아장 걷기 시작하는 시낭송 초보자들에게 시극을 해보자는 것이었다. 지자체 행사에 시낭송 반이 초대되어 공연해야 한다고 했다. 그 말을 듣자 처음에는 할 수 있을까 하는 아리송한 표정들이었다. 하지만 우리가 누구인가? 마음만은 모두 십대 소녀가 아닌가. 겁날 것 없는 청춘들은 시극을 해보기로 하였다. 제목은 김영랑 시인의 〈일편단심〉으로 춘향전 중 일부였다. 일부는 시로 낭송하고 나머지는 연극으로 꾸며 하는 시극은 처음 접하는 장르였다. 시의 원본을 보고 각본을 새로 꾸며서 한다고 했다.

〈일편단심〉 시를 보다가 나는 문득 유행하는 강남스타일 가사에 맞춰 변 사또를 오빠는 남원스타일, '낮에는 따사로운 인간적인 남자, 밤에는 심장이 뜨거워지는 남자.'라고 순간적으로 말했더니 사람들이 재미있는 발상이라고 했다. 이어서 교수님은 해학적으로 시와 어울리게 각색을 해달라고 나에게 부탁했다. 제자의 도리상 어찌 거절할 수 있으리오. 집에 돌아와 각본을 써내려갔다. 춘향전 판소리를 몇 년 배워서인지 술술 잘도 써졌다. 현대판 〈일편단심〉으로 유머러스하게 각색하여 가지고 갔다. 내용이 요즘 세상과 잘 맞는다며 기대 이상의 호응에, 내가 쓴 각본으로 시극 연습에 들어갔다.

여러 사람을 대상으로 역할을 바꿔가며 연습하였다. 처음 해보는 시극이라 어색했지만 주어진 배역의 대사와 시를 암기하며 모두 열심이었다. 날이 갈수록 미처 몰랐던 끼를 발휘하는 사람도 많았다. 그중에서도 웃음을 자아내는 배역은 변학도와 방자였다. 시작할 때는 생뚱한 역할에 다소 멈칫거리더니, 날이 갈수록 개성 넘치는 연기가 매력적이었다. 인간의 내면에는 다른 사람의 인생을 한번쯤 살아보고 싶은 마음이 숨겨져 있는가 보다. 교수님의 심혈을 기울인 연출로 시극은 점점 맛깔나게 물오르고 있었다.

드디어 공연 날이 돌아왔다. 인터넷으로 의상을 빌려 역할에 맞게 입고 분장까지 하니 어찌 그리 잘 어울리는지. 무대에 오르기 전 두근거리는 가슴으로 차례를 기다리는 모습은, 학예회를 앞둔 어린이 같았다. 마침내 우리 순서가 되었다. 춘향이가 옥방에서 이

도령을 기다리며 처량한 목소리로 시를 낭송하며 시극은 시작되었다. 변 사또가 춘향을 유혹하려고 거들먹거리며 〈강남스타일〉 음악에 맞춰 포졸들과 함께, 옆으로 뛰면서 껑충껑충 말춤을 추는 모습은, 그 누구도 웃지 않고는 못 견딜 정도로 압권이었다. 방자는 건들건들 비아냥조로 시낭송을 해 청중을 웃겼다. 혼령 논개는 옥방의 춘향이를 위로하는 시를 애절하게 낭송하여 심금을 울리고, 상거지로 분장한 이 도령은 어찌나 쩌렁쩌렁 울리는 소리로 춘향을 부르는지 폭소를 자아냈다. 향단이인 나는 판소리로 쑥대머리를 구슬프게 부른 뒤 춘향이가 일편단심을 외치며 쓰러지자, 엎드려 소리 내어 우는 연기를 하였다. 얼마나 몰입했는지 내 눈에서는 눈물이 주르르 흘러내렸다. 탤런트가 어찌 그리 잘 우는지 실감나는 순간이었다. 시극이 끝나자 관객들은 아낌없는 박수를 보내주었다.

모두 자기 역할에 온 정성을 다해 연기하였기에 시극이 빛나는 날이었다. 극을 연출해 주신 교수님과 시낭송 반 전부가 주인공이라고 말하고 싶다. 조명기사는 시극을 보고 어디서 전문배우들이 왔느냐고 했단다. 그 칭찬에 연기를 잘해냈다는 만족감에 우리는 흐뭇한 미소를 지었다. 그동안 어찌 그 끼를 감추고 배우가 되지 않았는지 모르겠다.

나이가 들어간다 해도 십대를 돌이켜보는 시간은 소녀로 돌아간 듯 순수해진다. 시낭송을 배우며 우리는 가슴속에 청초한 감성의 꽃송이 피웠나니. 그 순간들이 우리네 마음을 얼마나 정갈하게 씻어주고 주름살을 다림질해 줄까. 시를 읊으며 지낸 그해 가을에서 겨울까지 우리는 감상적인 가을빛 소녀였다.

(2012. 12.)

머무르고 싶은 그곳

호수 위에 유유히 떠다니는 백조는 차이콥스키의 〈백조의 호수〉를 연상시켰다. 숲 속의 맑은 공기를 마시며 걸어가니 마음마저 상쾌했다.

아침 일찍 러시아 상트페테르부르크에서 고속열차를 타고 3시간 만에 핀란드 수도 헬싱키에 도착하여 민속 마을로 들어섰다. 자작나무로 지은 통나무집들이 숲과 잘 어울렸다. 날씨가 건조해 나무로 된 집도 오래간다고 했다. 지붕에 나무 조각을 얹은 너와집, 풍차와 방앗간들을 보며 우리 조상과 비슷하게 자연을 이용한 그네들의 생활 모습에서 친근감을 느꼈다. 오후에는 재래시장에 들렀다. 노천가게에 들러 연어구이를 시켜먹었다. 연어의 싱그러움이 입안

가득 퍼졌다. 북적이는 사람들 틈에서 아이스크림도 사 먹고 길거리 쇼핑도 하며 여유로운 한때를 즐겼다.

땅거미가 질 무렵 스칸디나비아지역을 운항하는 '실야라인' 크루즈를 타고 핀란드에서 스웨덴의 수도 스톡홀름으로 향했다. 이 배는 2천8백여 명이 승선하는 크루즈로서 선내에는 면세점, 수영장, 카지노 등 각종 부대시설이 잘 갖춰져 있었다. 새벽부터 서둘러서 피곤했는지 침대에 눕자마자 배의 요동도 느끼지 못하고 스르르 잠이 들었다.

눈을 뜨니 아침이었다. 배에서 내려 스톡홀름 시내를 한눈에 볼 수 있는 언덕으로 올라갔다. 스톡홀름의 뜻은 '작은 섬'이다. 한마디로 섬들로 이루어진 물 위의 도시다. 언덕에 올라서자 한눈에 들어오는 푸른 하늘 아래 코발트 빛 호수 주변으로 펼쳐진 정경에

"우와! 이렇게 멋진 도시가 있을 줄이야!"

눈앞에 보이는 환상적인 모습에 감탄사가 터져 나왔다. 호수를 끼고 보이는 스톡홀름 풍경은 왕궁과 건축물, 요트들이 한데 어우러져 한 폭의 그림이었다. 세계에서 가장 아름다운 현대 도시 중의 하나라는 말이 실감 났다. 도시의 하늘이 이토록 푸르고 공기가 상쾌할 수 있을까. 13세기부터 만들어진 스톡홀름은 상업적 이익에 좌우되지 않고 인간과 환경을 중시하며 도시를 건설한 결과 오늘날과 같이 아름다운 수도가 되었다고 한다.

언덕을 내려와 감라스탄 중세 시가지를 둘러보았다. 선물나다

모양과 색깔이 다채로우면서도 묘한 조화를 이루었다. 시내 광장에 있는 스웨덴 아카데미 본부 현관문에 그려진 노벨초상화 앞에서 기념사진을 찍었다. 초상화이긴 하지만 교과서에 위인으로 나오는 노벨과 함께 스웨덴에서 사진을 찍을 줄이야.

스웨덴은 현재 입헌군주국으로 멀리 보이는 왕궁에는 왕이 살고 있다고 했다. 왕이 직접 경운기를 몰고 농장을 경작하는 서민적인 군주라 국민이 좋아한단다. 국회의원들은 보좌관도 없이 혼자 운전하고 동분서주하며 국민을 대변하여 봉사하는 마음으로 국회 일을 한다고 했다. 누리는 것이 많은 우리나라 국회의원들과는 너무 대조적이었다.

한참을 걸어서 시청사에 갔다. 금도금 모자이크로 꾸며진 황금방은 해마다 노벨상 수여식이 거행되는 곳이다. 말 그대로 금으로 도배한 황금 방은 스웨덴의 국력을 과시했다. 아래층으로 내려가 노벨상 시상 후 만찬회가 열리는 푸른 방에 들어갔다. 해마다 뉴스 화면으로 본 노벨상을 탄 세계의 석학들이, 만찬을 즐기며 담소하는 장소에 직접 들르니 감회가 새로웠다. 우리나라 작가도 언젠가는 이 자리에서 노벨문학상을 받을 때가 오리라.

다른 날보다 일찍 호텔에 도착하여 산책을 하였다. 눈앞에 강물이 흐르고 다리 위에 아름다운 꽃들이 하늘거리며 저 멀리 숲이 보였다. '거울 같은 강물에 숭어가 뛰노네.'라는 노랫말에 어울리게 강물이 맑아 고기들이 뛰놀고 있었다. 가까운 곳에서 소년들이 수영하며 놀고 있었다. 우리가 그곳으로 지나가니 파란 눈의 소년들이 하나둘 모여들었다. 그 애들은 우리와 사진을 찍자고 하며 밝게 웃었다. 우리도 천진스런 소년들에 휘말려 깔깔대며 포즈를 취했다. 소년들은 우리와 손잡고 개구쟁이 표정을 지으며 사진을 찍었다. 자연스럽게 어울리는 스웨덴 소년들을 보고 구김살 없는 그들의 순수함이 좋았다.

강둑을 따라 걸으며 수채화 같은 풍경을 영상에 담았다. 친구들은 사진을 찍을 때마다 웃기기로 작정을 하고 눈앞에서 룰루랄라 노래 부르며 깡충깡충 춤을 춘다. 그 모습을 보고 어찌 웃지 않을 수 있으리오. 그래서인지 사진마다 모두 활짝 웃는 모습이었다. 고풍스러운 아치형의 오래된 다리를 건넜다. 울창한 숲 사이로 울타리도 없는 푸른 잔디 위에 그림 같은 집들. 그곳에 머무르고 싶은 아름다운 풍경이었다.

스웨덴은 복지가 잘된 나라이다. 요람에서 무덤까지라는 말이 딱 어울리는 나라다. 아이가 태어나면 정부에서 매월 육아비가 나오고 대학교까지 무료로 교육받으며 나이가 들면 연금이 나온다. 그러므로 우리나라처럼 육아비, 교육비, 노후대책비 등을 마련하느라고 평생을 허덕이며 살 필요가 없다. 그래서인지 이곳 사람들의 표정이 하나같이 밝고 웃음이 넘쳐나는 것 같다.

꿈에 그리던 복지국가. 스웨덴은 물론 북유럽 모두가 그렇다고 한다. 이곳 젊은이들은 대학에 많이 가지 않는다고 한다. 이유는 기술이 좋은 사람이 더 우대받는 사회이기 때문이다. 대기업 사원보다 페인트공 수입이 많다고 하면 우리나라 사람들이 믿을 수 있을까? 우리나라 국회의원, 시의원도 가끔 와서 이들의 복지정책을 배우고 간다고 했다. 현재 국민의식 수준, 정치인들이 하는 태도를 볼 때, 북유럽을 따라가기란 요원하다는 생각이 들었다.

우리가 빠른 기간 안에 경제 강국을 이루어냈듯이. 머지않아 대한민국도 북유럽처럼 복지국가를 이루어 청소년들이 공부하면서도 여가를 즐기는 행복한 삶을 살았으면 좋겠다. 또한, 골목에서 꼬부라진 노인들이 폐휴지를 줍지 않고도 연금으로 편히 살 수 있는 나라. 아름다운 세상을 그리며 노을빛으로 출렁이는 강물을 바라보았다.

(2011. 9.)

다시 피어난 조선 왕실

빼앗긴 들에도 봄은 오는가? 봄은 왔다. 조선 말기 프랑스군이 강화도에서 빼앗아간 ≪조선왕조 의궤≫가 우리나라로 돌아왔다. 타국에 갇혀 있던 우리 문화유산이 조국의 품에 왔으니 봄이 온 것이다. 마침 전주국립박물관에서 반환된 어람용 의궤를 전시한다고 했다. 돌아오길 고대하던 우리 기록유산이 고향에서 전시되다니. 조선왕실의 모습을 가까이서 볼 기회가 아닌가.

멀리 떠난 임이 돌아온 듯 반가워 서둘러 박물관을 찾았다. 입구에 들어서니 왕실의 귀환을 축하하듯 붉게 물든 단풍잎이 찬란하게 반짝거렸다. 전시실에 들어서자 초록색 비단표지로 장식된 '조선왕조 의궤'가 눈에 띄었다. 이번에 반환된 어람용 의궤는 표지부터 우아했다. 색상도 방금 그린 그림처럼 선명하였다. 그동안 국내에 있던 *반상용 의궤와는 달리 왕이 보는 어람용답게 기품이 있었다. 의궤는 조선왕실의 주요 행사를 글과 그림으로 기록한 종합 보고서다. ≪조선왕조 의궤≫는 ≪조선왕조실록≫, ≪승정원일기≫와 더불어 유네스코 기록유산으로 지정되었다. 우리 민족의 우수성을 세계가 인정한 기록문화유산이다. 특별전 곳곳에는 의궤 내용을 사람들에게 상세히 알려 주려고, 그림으로 그려진 책갈피를 여기저기 펼쳐놓고 설명을 써 놓았다. 순조 순원왕후 ≪가례도감≫은 책면이 66쪽에 달하고 나타낸 사람들은 수천 명에 달했다. 그 많은 사람을 어떻게 다 그렸을까?

조선 시대 궁궐에는 도화서가 있었다. 이곳에 소속된 화원은 조선의 유명한 전문 화가들로서 당시의 행사 모습을 생생하게 그려냈다고 한다. 이름만 들어도 알만한 풍속화가 신윤복, 김홍도 역시 도화서에 소속된 화원이었다. 어람용 의궤를 눈여겨 살펴보니 가마와 악기, 생활용품까지 세세하게 그려져 있었다. 말의 갈기와 발굽, 튼튼한 허벅지에 말꼬리까지 살아 있는 듯 역동적으로 표현했다. 사람들도 직급대로 옷 색깔과 갓 모양까지 달리하여 나타냈다. 책 한 면에 백여 명씩 그려진 사람의 얼굴은 눈, 코, 입까지 꼼꼼하게 그려져 있었다.

작은 공간에 수많은 사물을 얼마나 섬세하게 나타냈는지. 조선왕실의 혼례, 장례, 책봉 등의 행사 반차도를 끝없이 그려낸 화원들은 아마 신들린 듯 그림을 그렸나 보다. 반차도는 행사 실제 모습이 아니다. 행사 전에 참여 인원과 물품을 그려 왕에게 검토를 받고 예행연습을 하여 시행착오를 줄이려는 사전 보고서다. 왕실의 행사를 이처럼 치밀하게 그림과 글이 담긴 의궤로 남긴 나라는 세계에서 조선이 유일했다.

다음 전시실로 이동하니 악기를 든 악공과 수십 명의 가마꾼이 들러멘 가마가 걸어오고 있었다. 그 뒤로 말 위에 올라탄 관료와 품계에 따라 의관을 다르게 갖춰 입고 걸어오는 수많은 사람. 찬란했던 조선 왕실의 위엄이 되살아나고 있었다. 왕실 혼례를 디지털 영상으로 꾸며 보여 주고 있는 것이다. 의궤에 기록된 상세한 내용을 토대로 생생하게 왕가 행사를 동영상으로 재현했으리라. 시공을 뛰어넘어 조선시대 궁궐 담 모퉁이에서 왕실 행차를 바라보고 있는 듯하였다.

의궤를 만들고도 잘 보관하지 못했다면, 조선왕실의 생활상을 자세히 알 수 없었으리라. 조선시대 정조대왕은 규장각을 만들어 왕실에 관한 자료를 보관하고 강화도에는 외규장각을 설치해 어람용 의궤를 관리하였다. 그러나 조선 말기 대원군의 천주교 탄압을 빌미로 프랑스가 강화도를 침략하여 병인양요를 일으켜, 외규장각을 불태우고 의궤를 침탈하여 갔다. 이에 맞서 조선 관군이 목숨을 걸고 싸워 프랑스군은 물리쳤으나, 빼앗긴 의궤는 찾을 수 없었다. 강제로 끌려간 ≪조선왕조 의궤≫는 오랫동안 타국의 지하에서 울고 있었다.

우리의 외교적 노력으로 2011년에 마침내 ≪조선왕조 의궤≫가 고국으로 돌아오게 되었다. 프랑스 파리국립도서관에 있던 외규장각의 어람용 의궤 297책이 모두 반환된 것이다. 늦은 감이 있으나 얼마나 다행한 일인가! 이렇게 어람용 의궤가 다시 대한민국 품안에 오게 된 데는, 재불 역사학자 박병선 박사의 끈질긴 집념이 있었기에 가능했다. 그녀가 1955년에 유학 갈 때 은사 이병도 교수는 프랑스에 가면 '병인양요 때 약탈해간 의궤를 꼭 찾아보라.'고 당부했었다. 그녀가 박사 공부를 하며 파리국립도서관에 자주 드나들자 그곳에서 사서 제의를 받았다. 사서가 된 그녀는 박물관에서 틈만 나면 의궤를 찾았다. 그러다가 먼저 '흥덕사 1377 주조'라고 찍힌 〈직지〉를 발견하였다. 박병선 박사는 삼 년간의 고증작업 끝에 1972년 파리 국제도서전에서 〈직지〉는 독일의 구텐베르크 성경보다, 칠십여 년 앞선 세계 최고의 금속활자본이라는 공인을 받아냈다.

행방이 묘연한 의궤를 이십 년 가까이 찾아 헤매던 박병선 박사는 드디어 도서관 지하창고에서 ≪조선왕조 의궤≫를 발견하였다. 순간 그녀는 감격에 겨워 움직일 수도 없었다고 했다. 이 사실을 그녀는 한국에 알렸다. 이에 파리도서관은 프랑스 국익을 해친다 하여 사직을 시켰다. 사서를 그만두고도 그녀는 도서관에서 의궤를 읽고 내용을 분석하여 ≪조선왕조 의궤≫ 해석 책을 10년 만에 완성하여 펼쳐냈다. 이를 계기로 한국과 프랑스 양국 정상 간에 의궤 반환이 쟁점이 되어, 프랑스가 어람용 의궤를 찬탈해간 지 145년 만에 우리나라로 돌아왔다. 우리 문화에 대한 끝없는 열정으로 잃어버린 역사를 현재 속으로 끌어온 박병선 박사. 어둠에 묻힐 뻔했던 기록이, 조국의 품으로 돌아와 다시 피어난 ≪조선왕조 의궤≫. 자랑스러운 역사를 지켜낸 이 사람을 우리는 기억해야 하지 않을까.

≪조선왕조 의궤≫ 특별전을 보고 조선의 기록문화에 대한 열정을 피부로 느꼈다. 글을 쓴 사관과 그림을 그린 화원, 국가의 주요 행사가 있을 때마다 도감을 설치해 의궤의 내용을 빈틈없이 기획한 관료, 의궤를 보관하는 규장각을 설치한 정조. 이러한 선조의 노력이 없었다면 ≪조선왕조 의궤≫는 존재하지 않았으리라.

기록을 넘어 예술성까지 뛰어난 기록문화의 꽃 ≪조선왕조 의궤≫. 전시실에서 자녀들과 함께 의궤를 관람하러 온 부모들이 진지하게 설명을 해주는 모습을 보니, 우리 역사가 오래도록 살아 숨쉴 것 같아 마음이 흐뭇했다. 세상에 단 하나밖에 없는 기록유산이 길이길이 후손에게 전해져 우리의 문화가 찬란하게 빛났으면 한다.

(2012. 12.)

*분상용 의궤 : 조선왕조 의궤는 5~9부 정도 제작하는데 왕에게 올리는 어람용 의궤 1부를 제외한 나머지로, 중앙관청과 지방사고(史庫)에 나누어 보관되는 의궤.

5부

〈몽골 초원〉 들판에 널린 야생화에서 아련한 꽃바람이 일었다.

추억은 기차를 타고

오랜 시간 속에 우리의 정이 모여 곶자왈처럼 우정이라는 숲을 만들어낸 것은 아닐까. 비록 우리가 자주 만나지는 못할지라도 가슴속에는 오래전 순수했던 마음이 함께하기에. 사소한 유머에도 소녀처럼 손뼉 치며 함박 웃을 수 있는 해맑은 마음은, 세상 어디에서도 찾을 수 없는 귀한 보석이다.

추억은 기차를 타고

그곳에는 바람이 불고 있었다. 산들바람은 가파른 산에 올라온 사람들의 이마를 시원하게 어루만져 주었다. 산꼭대기에서 바라보는 바다는 쪽빛으로 반짝거리고, 움푹 들어간 분화구는 사월인데도 푸르게 물들어 있었다.

여고 동창생들이 모여 같이 올라간 성산 일출봉. 힘들어하는 친구는 서로 격려하며 정상에 올랐다. 세계 7대 자연경관으로 지정된 일출봉. 나이 들면 오르기 어렵다고 다같이 불굴의 의지로 꼭대기까지 올라갔다. 바다 위에 왕관처럼 솟아 있는 성산 일출봉은 사방이 절벽으로 마치 옛 성처럼 웅장한 경관을 자랑하고 있었다. 누구는 처음으로 정상에 발을 디뎠다고 환호했다. 우리는 꿈 많은 소녀가 되어 활짝 웃으며 사진을 찍었다.

몇 해 전부터 벼르던 여고 동창 여행을 제주도로 갔다. 제주공항에서 서울과 전주 팀은 오랜만에 만난 반가움에 서로 얼싸안았다. 관광버스에 오르자 친구들은 그동안 밀린 얘기로 왁자지껄하였다. 별말이 아니어도 모두 깔깔대며 웃는 모습이 영락없는 여고생들이었다. 출발할 때 내린 비로 날씨 걱정하는 동창들에게 내 이름에 천天자가 들어가 하늘과 소통하니, 옥황상제에게 부탁해 일기를 쾌청하게 해주겠노라고 했다. 만약 날씨가 좋으면 나를 교주로 모시라고 장난삼아 말했다. 인공위성이 하늘에 있어 통화가 잘되었는지 정말로 사흘 내내 일기가 화창하였다. 우연히 날씨가 좋아서 약속대로 나는 신흥교주가 되고 친구들은 신도가 되었다.

"교주님, 물 줘요. 어디로 가요."

신도들이 나를 부르는 소리가 끊이지 않았다. 어찌된 일인지 새로 탄생한 교주의 하는 일은 물병을 들고 신도들의 목마름을 달래주거나, 시중을 드는 심부름이었다. 한마디로 권위는 없고 말뿐인 유명무실한 교주였다. 허울 좋은 교주지만 회장으로서 친구를 즐겁게 해줘야 할 사명감(?)에 재미있는 유머를 팝콘처럼 퐁퐁 날렸다.

"치매할머니가 침대에 앉아서 '내가 자려고 앉아 있나? 깨어나서 앉아 있나?' 밖으로 나가서는 문밖에서 하는 말 '내가 들어가려고 서 있나? 나가려고 서 있나? 알 수가 있어야지.'"

“어떤 아줌마가 말다툼하고 홧김에 머리를 커트했다. 집에 돌아온 남편이 화를 내며 ‘왜 마음대로 커트했어’ 하자 부인 왈 ‘당신은 언제 내 허락 받고 대머리 됐어.’”

이렇게 순간순간 재치 있는 위트로 친구들을 이따금 웃음바다로 빠뜨려 허우적거리게 했다.

창밖으로 노란 유채꽃이 손짓하는 길을 지나, 곶자왈 숲 속 기차 여행길에 올랐다. 여고 졸업 후 처음으로 동창들과 함께 열차를 타니, 설악산으로 기차 타고 수학여행 갈 때처럼 설레었다. 디즈니랜드 기차와 같은 모형의 작은 열차는 천천히 숲 속으로 접어들었다. 수목 사이로 고비가 너풀거리고 나무가 울창하여 원시림을 보는 듯했다. 기차는 기적을 울리며 호숫가에 멈췄다. 길가에는 튤립이 화사하게 피어 있었다. 호수 너머로 풍차가 있는 집이 보이고 중세풍의 배가 띄워져 있었다. 기차는 풍경이 변하는 곳마다 멈춰섰다. 우리는 곳곳에 내려서 새로운 풍광을 감상하고 추억을 찍으며 웃음의 파노라마를 연출하였다.

종착역에서 내려 우리는 곶자왈 숲 속을 한 시간 정도 걸었다. 곶자왈은 숲이라는 의미의 ‘곶’과 암석들에 가시덤불이 뒤엉켜 있는 모양을 일컫는 ‘자왈’이 합쳐져서 만들어진 순수 제주도 방언이다. 화산활동으로 생긴 쪼개진 바위와 세월이 자연스럽게 만들어 낸 곶자왈은 지하수의 통로로 나무들이 잘 자랄 수 있는 환경이 되었다.

곶자왈 숲에 접어드니 산책길이 붉은 갈색이었다. 하와이 붉은 땅과 비슷했다. 화산 송이 돌을 갈아서 숲길에 깔았다고 했다. 느낌이 포근하여 발걸음이 가벼웠다. 숲 안쪽으로는 나무 밑에 초록 이끼가 융단처럼 깔려 있었다. 여느 숲과 다르게 자잘한 바위를 가시덤불이 그물망처럼 감싸고 있는 모습. 넝쿨이 여기저기 늘어져 있고 고목에 작은 나무가 비집고 자라나는 모습은 중생대 숲 속처럼 기이하였다. 어디선가 원시인이 노루를 쫓아 돌화살을 들고 나타날 것만 같은 원시적 풍광이었다. 오솔길 가에 있는 옹달샘에서 조롱박으로 물을 마시니 한 줄기 감로수였다. 숲길을 걸으며 '깊은 산 오솔길 옆 자그마한 연못에……'라는 노래도 하고 그 시절 포크송을 연이어 불러 보았다. 우리는 청순한 마음에 젖어 다시 여고 시절로 돌아간 듯했다.

곶자왈 숲 속에서 우리는 또 하나의 추억을 안고 열차를 탔다. 바위를 넝쿨이 감싸고 시간이 흘러 곶자왈 숲이 되었듯이. 우리 여고 동창도 긴 세월 동안 서로 그물망처럼 끈끈한 정으로 이어져 왔다. 여행길에도 친구들은 쑥개떡을 쪄오고 간식을 준비하고, 식사비를 내는 등 화기애애한 분위기였다. 오랜 시간 속에 우리의 정이 모여 곶자왈처럼 우정이라는 숲을 만들어낸 것은 아닐까. 비록 우리가 자주 만나지는 못할지라도 가슴속에는 오래전 순수했던 마음이 함께하기에. 사소한 유머에도 소녀처럼 손뼉 치며 함박 웃을 수 있는 해맑은 마음은, 세상 어디에서도 찾을 수 없는 귀한 보석이다.

산호가 부서져 에메랄드 빛을 발하는 우도의 맑은 바닷물, 주상절리, 송학산 올레길 등, 환상적인 풍경에 환호하며 친구들은 감탄사를 연발했다. 제주의 아름다운 정경들을 풍경화로 그려 마음의 창에 걸어두고 싶다.

눈에 담은 것보다 더 많은 우정을 쌓고 돌아온 여고 동창 제주여행. 시간이 흐른다 해도 친구들과 스스럼없이 이야기하며 웃음 짓던 일은 우리에게 정다운 이야기로 남아 삶의 활력소가 될 것이다. 비록 나이 들지라도 제주여행을 함께한 친구들은 기억 속에서 환하게 피어나리라.

(2013. 4.)

석양의 군무

겨울에만 볼 수 있는 하늘의 군무. 그 멋진 비행을 그리며 곰개나루터를 찾았다. 금강 하류에 자리한 이곳은 해마다 겨울이면 수많은 철새가 날아오는 곳이다. 그런데 어찌된 일인지 기대했던 철새들이 보이지 않았다.

수십 년 만에 찾아온 강추위로 강물이 꽁꽁 얼어 건너편 강가까지 하얗게 얼음으로 뒤덮여 있었다. 얼음 위에 눈까지 쌓여 강은 하얀 얼음 나라였다. 어디선가 북극곰이 어슬렁거리며 나타날 것 같았다. 강 위에 점점이 떠 있는 어선들도 얼음에 갇혀 파르르 떨고 있다. 갈 길이 막힌 건 배만이 아니었다. 철새들도 발이 시려서 얼음판에 올 수 없었나. 얼음 위에는 새들이 한 마리도 없었다. 먹이를 품은 물이 흘러야 강은 새들의 안식처가 될 수 있나 보다. 새들은 어디로 갔을까?

강둑을 따라가며 철새를 찾아보기로 했다. 강 하류에는 철새들이 있을지도 모른다. 얼음 세상이 된 금강을 따라 내려갔다. 넓은 강이 이렇게 끝없이 얼어 있는 모습은 일찍이 본 적이 없다. 얼어붙은 강에 흰 눈이 덮인 풍경은, 영화 〈닥터 지바고〉의 눈보라치는 벌판을 떠오르게 했다. 얼마쯤 가다 보니 다리 밑에서 무언가 움직이고 있었다. 그곳은 아늑해서 얼음이 풀렸는지 가창오리가 몇 마리 옹기종기 떠 있었다. 철새를 찾아서 어느덧 금강하구 둑까지 오게 되었다. 꽁꽁 얼어버린 강에서 과연 새들을 볼 수 있을지…….

금강하구 둑 중간에서 그이가 갑자기 차를 멈췄다. 새가 보이니 가까이 가보자고 했다. 거짓말처럼 철새들이 강 복판에 무리지어 있었다. 수백 마리가 떼를 지어 둥둥 떠다녔다. 바닷물과 섞여서인지 한가운데는 얼지 않아 강물이 흐르고 있었다. 저 멀리 하얀 새무리가 보였다. "와아! 백조다." 반가움에 나는 소리쳤다. 고니는 덩치가 커서인지 멀리서도 어렴풋이 보였다. 어린 시절 〈백조왕자〉를 읽고 나는 백조를 꼭 한 번 보고 싶었다. 백조를 처음 본 것은 어른이 되고도 한참 뒤, 스위스 여행 때였다. 유럽에서 가장 오래된 나무다리인 루체른의 카펠 교가 있는 호수에서였다. 그날 하얀 백조는 호수 위를 유유히 떠다니고 있었다. 노란 부리에 기다란 목을 치켜들고 하얀 깃털로 감싼 고고한 자태는 무대 위에서 발레리나가 춤추는 듯하였다. 동화 속의 백조를 눈앞에서 보다니, 나는 처음 보는 백조의 아름다움에 취해 일행들이 저만치 갈 때까지 하염없이 바라보았다.

겨울 철새인 백조는 흔히 볼 수 있는 새가 아니다. 백조는 천연기념물 201호로 순결과 신비를 상징하는 우아한 귀족적인 새이다. 초식을 주로 하며 일부일처제로 성실한 부부의 상징이기도 하다. 예민한 백조는 언제나 사람들과 멀리 떨어져 있었다. 웬만해선 잘 볼 수 없는데 몇 년 전 이곳 금강 갈대 섬에서 망원경으로 볼 수 있었다. 기대하지 않았던 귀한 백조를 뜻밖에 보게 되어, 그때 얼마나 기분이 좋았는지 모른다. 나는 새들을 좋아한다. 그래서인지 남편은 여행하다 새를 발견하면 소리치며 나를 보게 했다. 오늘은 망원경을 준비하지 못해 백조의 우아한 모습을 자세히 살펴 보지 못해 아쉬웠다. 그래도 수많은 철새를 볼 수 있어 그나마 다행이라고 생각했다.

새들을 마냥 바라보고 있는데, 남편이 무턱대고 망원경을 가진 사람에게 다가가 빌려달라고 부탁했다. 인상 좋은 그 아저씨도 흔쾌히 빌려 주었다. 망원경으로 보니 강 가운데 떠 있는 새들이 고스란히 내 눈에 들어왔다. 머리가 청록색인 청둥오리, 갈색을 띤 가창오리, 모가지가 기다란 백조가 뚜렷이 보였다. 그중에서도 우아한 백조는 〈백조의 호수〉 음악 감상이라도 하는지 도도하게 미동도 없이 앉아 있었다. 시야에 잡힌 백조를 세어보니 모두 열세 마리였다. 자세히 보니 그중 두 마리는 긴 다리를 내놓고 서 있고 나머지는 앉아 있었다. 물 위에 백조가 어떻게 서 있나? 의아해 다시 살펴보니 그 부분은 살얼음이 언 곳이었다. 우연히 좋은 사람을 만나 망원경으로 백조와 철새들을 손에 잡힐 듯 볼 수 있었으니 운이 좋은 날이다.

철새들이 갑자기 하늘을 날았다. 새들의 군무를 그리며 길을 나선 내 맘을 알았나 보다. 노을빛에 물든 하늘을 곡예하듯 날며 환상적인 무늬를 수놓았다. 한 폭의 그림 같은 군무를 보여준 철새들에게 손을 흔들어 고마움을 전했다. 수만 리를 날아서 머나먼 금강을 잊지 않고 찾아준 철새들이 대견했다.

철새들이 해마다 찾아오는 맑은 강물. 생명이 살아 숨 쉬는 청정한 대자연이 오래도록 이 땅에 남아, 철새들이 언제나 날아와 아름다운 군무를 길이 펼쳤으면 싶다.

(2013. 1.)

눈물 젖은 관음송

나룻배로 강을 건넜다. 무림 고원에 들어선 듯 사방이 고요했다. 하늘을 찌르는 소나무만이 고고하게 서 있었다. 저만치 험준한 절벽이 솟아 있고 강물이 반달처럼 휘돌아 흘렀다. 마을도 안 보이고 그 흔한 차도 없었다. 배를 타지 않고는 오갈 수 없는 육지 속의 섬이었다. 분명 육지이건만 배를 타야만 오갈 수 있다니. 외로워서 어찌 이 적막강산에 살 수 있단 말인가.

영월에 있는 청령포에 갔다. 강원도는 먼 길이라 새벽부터 서둘러 길을 나섰다. 새로운 곳에 대한 기대감으로 청령포에 들어섰다. 남한강 상류에 있는 이곳은 단종의 애환이 담긴 곳인데, 소나무들이 울창한 송림을 이루고 있었다. 조선 6대 왕인 단종은 재위 삼

년 만인 1455년에, 숙부 수양대군에게 왕위를 빼앗기고 열다섯 살에 상왕이 되었다. 이듬해 성삼문 등 사육신의 단종복위가 누설되어 연루된 충신들은 참형을 당하고, 단종은 노산군으로 강봉된 뒤 청령포에 유배되었다. 한강 나루에서 남한강 뱃길을 따라 양주, 원주를 거쳐 닷새 만에 영월 땅 주천에 당도한 단종은, 나룻배를 타고 청령포로 왔다.

단종은 서쪽은 육육봉 절벽이 가로막고 동, 남, 북에는 서강이 흘러가는 천애고도에서 세상과 끊긴 채 절대고독 속에서 살아야 했다. 쫓겨난 왕이 고아처럼 버려진 그때 나이가 17세였다. 요즘이라면 한참 공부해야 할 소년이었다. 인적도 없고 수풀만 우거진 이곳에서 단종 혼자 얼마나 무서웠을까. 하지만 누구라도 내쫓긴 왕을 도우면 역적으로 목숨을 내놓아야 했으니…….

어린 왕을 혼자 보내고 눈물로 가슴 적시던 사람들이 있었다. 갓난아기였을 때부터 그를 키우고 뒷바라지한 상궁들이었다. 그들은 궁궐에서 살며시 빠져나와 첩첩산중 영월에 도착한 뒤, 한밤중에 헤엄을 쳐서 단종이 머무는 청령포에 왔다고 한다. 이 사실을 정인지가 고하자 세조도 작은아버지로서 일말의 양심이 있었던지, 늙은 상궁들과는 후사를 걱정할 염려가 없으니 못 본채 놔두라고 했단다. 천신만고 끝에 궁인들은 이곳에 머물며 단종을 수발하였다. 어머니 같은 희생과 사랑이 없었다면 상궁들이 목숨을 걸고 단종을 찾아올 수 있었을까? 애달픈 어린 왕을 위하여 떠나면 강원도 땅에 오느라 발에는 물집도 잡히고, 남몰래 밤길을 걷느라 잠은 제대로 잤을까. 가엾은 단종을 찾아 몇백 리 길을 찾아와, 비운의 왕을 끝까지 섬긴 여인들의 인간애가 새삼 가슴을 훈훈하게 했다. 왕을 위한 상궁들의 일편단심은, 단종에게 충성하다가 자신의 영욕을 위해 하루아침에 변절한 영악한 신숙주에 비하면 얼마나 용기 있는 충정이란 말인가. 행랑채에 재현된 왕의 옷을 짓고 있는 상궁들의 모습을 보니, 그 옛날 온갖 고난을 겪으며 헌신적으로 왕을 모신 그들의 충성심이 우러러 보였다.

단종이 머물던 집을 나와 소나무 숲으로 접어들었다. 한눈에 들어오는 커다란 관음송 아래 섰다. 수령 육백 년을 자랑하는 높이 30m 소나무 꼭대기를 올려다보니 고개가 저절로 뒤로 젖혀졌다. 국내 소나무 중 키가 가장 크다는 말이 맞나 보다. 사랑하는 왕비를 홀로 두고, 궁궐에서 쫓겨난 단종의 심정은 하루하루가 얼마나 서글펐을까?

절벽과 강물로 사방이 가로막혀 꼼짝할 수 없었던 왕에게, 청령포는 창살 없는 감옥이나 다름없었을 것이다. 단종은 마음이 울적할 때는 두 갈래로 갈라진 소나무 가지에 걸터앉아 홀로 외로움을 달래기도 하고, 원통한 마음에 울부짖기도 했으리라. 소나무도 단종의 한 맺힌 눈물을 머금어서인지 높디높은 가지 윗부분이 뒤틀려서 항아리처럼 생긴 옹이가 튀어나와 있었다. 그 당시 수령 60년 정도의 작은 소나무에 단종의 피맺힌 절규가 슬픈 앙금으로 굳어져 옹이가 되었는지도 모른다. 이 소나무는 유배 당시 단종의 애처로운 모습을 보았으며 때로는 오열하는 소리를 들었다는 뜻에서 관음송觀音松이라 불리고 있다. 단종의 애잔한 설화를 간직한 관음송에선 어린 왕의 눈물인지 송진이 방울방울 맺혀 있었다. 한 많은 그 시절의 원통함을 절절히 나타낸 단종이 남긴 시가 가슴을 적신다.

'한 마리 원한 맺힌 새가 궁중을 떠난 뒤로 / 외로운 몸 짝없는 그림자 푸른 산속을 헤맨다 / 밤이 가고 밤이 와도 잠 못 이루고 / 해가 가고 해가 와도 한은 끝이 없구나 / 두견새 소리 끊긴 새벽 멧부리에 달빛만 희고 / 피를 뿌린 듯 봄 골짜기에 지는 꽃만 붉구나 / 하늘은 귀머거리인가 애달픈 하소연 어이 못 듣고 / 어찌 수심 많은 이 사람의 귀만 홀로 밝은고'

단종의 능인 장릉에 올랐다. 유월의 태양이 뜨겁게 내리쬐고 있었다. 비운의 왕 묘소는 다른 왕릉에 비하여 초라했다. 문인석도 두 개가 전부였다. 1457년에 금성대군이 다시 단종의 복위를 꾀하다가 발각되어 사사되고 단종도 사약을 받는다. 단종에게 사약을 진어하고 한양으로 돌아가는 길에 금부도사 왕방연은 애절한 심정을 시조로 남긴다.

'천만 리 머나먼 길에 고운 임 여의옵고 / 내 마음 둘 네 없어

냇가에 앉았으니 / 저 물도 내 안 같아서 울어 밤길 예 놋다'

왕방연은 어쩔 수 없이 단종을 보내고 애달픈 마음을 시조로 읊은 뒤, 관직을 내놓고 낙향했다. 억울하게 사약을 받은 단종은 장례식도 못한 채, 그의 시신은 서강에 버려졌다. 시신을 거두는 자는 삼대를 멸한다는 어명에 아무도 나서지 못했다. 그러나 죽을 각오를 하고 밤중에 시신을 거두는 자가 나타났다. 그는 단종이 청령포에 있을 때도 밤마다 남몰래 문안 인사를 올렸던 영월 호장 엄흥도였다. 그는 목숨을 걸고 단종의 시신을 지게에 지고, 현재 장릉이 있는 이곳 언덕에 와서 시신을 매장했다. 그런 뒤 그는 식솔을 데리고 행방을 감추었다고 했다.

동서고금을 막론하고 자기의 야망을 좇아 세조 때 한명회처럼 권력의 부나방이 되는 사람이 있는가 하면, 엄흥도처럼 한번 섬긴 왕은 끝까지 지키는 사람들이 있다. 일편단심으로 한 임금을 섬기려다 형장의 이슬로 사라진 사육신은 만고의 충신이다. 이에 못지않게 목숨을 걸고 단종을 섬긴 이름 없는 상궁이나, 왕의 주검을 거둔 엄흥도 역시 충신이 아니라고 그 누가 말할 수 있겠는가.

따가운 햇살을 등 뒤에 받으며 장릉 앞에 섰다. 무덤가에 있는 나무가 바람결에 무심히 흔들리는 모습을 보니, 바람 앞에 촛불 같았을 단종의 모습이 떠오른다. 나이가 어리다는 이유로 일국의 왕으로서 자기 뜻을 펴보지도 못한 채, 휘몰아치는 권력의 소용돌이에 꽃봉오리로 스러져간 단종의 비통한 죽음에 가슴이 시려왔다. 자식을 키운 어미의 마음이련가. 억울하고 애절한 옛일일랑 잊고 꽃 피고 새 우는 하늘에서 사랑하는 사람을 만나, 못다 한 영락을 누리며 지내기를 마음으로 희원해 본다.

(2013. 6.)

숲 속의 작은 아씨

처음 만남은 언제나 설렘이 있다. 누구일까? 호기심을 안고 만나러 갔다. 만나자마자 반가워하며 서로 손을 잡고 웃음 지었다. 동창은 이래서 좋은가 보다. 같은 학교를 나왔다는 동질감 때문인지 선후배 사이지만 처음이라도 어색하지 않았다. 글을 쓰고 싶다는 생각으로 만난 사람들이기에 더 친근감이 갔는지도 모른다. 친구의 주선으로 만난 우리는 금방 스스럼없이 친해져 소풍 나온 어린이들마냥 수다 떨며 나들이를 떠났다.

순창 회문산 입구에 들어서니 어느덧 가을을 머금은 산등성이는 푸름이 사위어가고 있었다. 여름의 옷자락을 슬며시 밀어두고 알록달록 멋을 부린 부지런한 단풍잎이 저만치서 어서 오라고 손짓하고 있었다. 가을의 전령인 고추잠자리도 코스모스 위를 맴돌며 우리를 반기는 듯했다. 산림문화관에 미리 예약해서인지 곤충해설사가 문밖까지 나와서 친절하게 안내했다. 곤충표본실에는 여러 종류의 나비표본이 전시되어 있었다. 모시옷 같은 모시나비, 제비 같은 제비나비, 금강산귤빛부전나비까지 형형색색의 나비들도 많았다.

해설사는 나비와 나방의 표본을 비교하면서 차이점을 설명해주었다. 더듬이 끝이 나비는 둥글고 나방은 뾰족하며, 나비는 날개를 접고 앉고 나방은 펴고 앉는다. 나비는 낮에 주로 활동하고 나방은 밤에 활동한다고 했다. 실물을 보면서 들으니 귀에 쏙쏙 들어와 어렴풋이 알았던 것을 확실히 알게 되었다. 그 외의 곤충에 대한 지식도 이야기로 풀어서 재미있게 해주니 작은 생명에 대한 호기심이 생겼다.

점심을 먹고 숲 해설사가 준비해온 꼬마 현미경을 들고 들꽃이 핀 곳을 찾았다. 작은 유리잔 같은 현미경을 야생화 가까이 대고 살펴보았다. 꽃잎 위에는 이제껏 보이지 않던 동그란 모습의 녹색 곤충이 앙증맞게 기어 다니고 있지 않은가? 작지만 더듬이랑 발까지 다 갖춘 모양새였다.

현미경을 떼고 보니 맨눈으로는 잘 보이지 않을 정도의 아주 작은 모습이었다. 어찌나 신기한지 현미경으로 보고 또 보았다. 한두 마리가 아니라 자세히 보니 여기저기 여러 마리가 보였다. 우리는 눈에 보이는 것만 생명으로 알고 있다. 이토록 작은 생명체가 꼬물꼬물 움직이고 있을 줄이야. 우리가 모르는 작은 요정들의 세상이 따로 존재하는 것 같다. 깨알보다 더 작은 녹색 요정이 너무 귀여워서 엄지손가락에 올려놓고 숲길을 걸었다. 얼마나 작은지 손가락으로 살짝 건드리기만 해도 그들의 실체는 없어질 것 같았다. 한 줄기 숨소리에도 날아가 허공 속에 사라질 듯했다. 들꽃이 핀 길가에서 귀여운 요정을 손등에서 떼어 풀잎 위로 살며시 옮겨 놓았다. 현미경으로 보니 작은 생물체는 자연 속으로 되돌아온 것이 신 났는지 꼼지락거리며 풀잎 위를 기운차게 기어갔다. 아주 작은 점이 움직이며 살아가다니 새삼 생명의 신비로움을 느꼈다. 아무도 돌보지 않아도 그들만의 작은 세상에서 스스로 힘으로 생명을 지켜갈 것이다.

"작은 아씨야, 잘 살아라. 길가로는 나오지 마라. 거인들 발에 밟히면 너희는 사라진단다."

중얼거리며 이제까지는 아무 생각 없이 걷던 길을 행여 작은 생명이 발에 밟힐까 봐 살금살금 걸었다.

편백 숲길로 접어들었다. 싱그러운 솔 향에 마음마저 상큼해진다. 숲 해설사가 바위에 붙은 이끼를 보라고 했다. 현미경으로 보니 이끼들이 말라서 누르스름한 빛깔로 뒤엉켜 있었다. 해설사는 이끼들에게 마술을 걸어 놓았으니 잠시 후에 다시 보라고 했다. 잠깐 쉬는 동안 편백 숲이 좋은 이유를 알려줬다. 사람들에게 좋은 살균

물질인 피톤치드가 편백나무에서 많이 나오니 공기가 청정해져 기분이 상쾌해진다고 했다. 이름 모를 새소리를 들으며 숲 속에 있으니 세상 걱정이 다 사라지는 듯했다.

꼬마 현미경을 들고 좀 전에 보았던 이끼를 다시 살피러 갔다. 이게 어찌된 일인가? 조금 전까지 누렇게 말라 있던 이끼들이 파랗게 살아나서 반짝이고 있었다. 어떤 이끼는 우산 모양으로 펼쳐져 있기도 하고 꽃처럼 피어 있는 것도 있었다. 해설사의 마술은 알고 보니 물을 주고 기다리는 일이었다. 죽어가던 이끼는 물을 머금고 자기 안의 생명을 피워내 여러 가지 모양의 녹색 무늬로 눈부시게 다시 살아났다. 찬란하게 되살아난 이끼를 보고 모두 탄성을 질렀다. 물이 생물체의 근원인 것은 알고 있었으나, 실제로 체험하며 살펴보니 죽어가는 식물을 순식간에 살려내는 생명의 묘약이었다.

숲 속의 작은 생명을 보고 나서야, 그동안 미처 보지 못한 세계가 얼마나 많은지 새롭게 알게 되었다. 우리가 사는 자연 속에는 눈에 보이는 것보다, 보이지 않는 곳에 소중한 것이 더 많이 숨어 있는지도 모른다.

(2011. 9.)

진정한 스승

몇 해 전부터 우리는 전국의 명소를 찾아 오월이면 나들이를 한다. 부모님을 즐겁게 해 드리고 가족 간의 화목을 위해서다. 곳곳에 남매들이 흩어져 살기에, 만나는 장소를 안동에서 가까운 봉정사로 정했다. 각지에서 오는 대로 문화재를 보며 우리 역사를 알아보는 것도 뜻있는 일 같아서였다.

전주에서 안동까지는 생각보다 먼 거리였다. 하지만 창밖으로 스치는 산줄기마다 연두로 물들어 가는 봄 빛깔에 감탄하다 보니, 어느덧 봉정사에 도착했다. 고즈넉하게 자리 잡은 경내에 들어서자 풍경소리가 한적하게 들렸다. 먼저 국보 15호인 현존하는 목조 건물 중 가장 오래된 극락전을 둘러보았다. 얼마 전까지 부석사 무량

수전이 가장 오래된 목조건물로 알고 있었다. 그런데 봉정사 극락전이 무량수전보다 앞서 중수한 것뿐만 아니라, 건축양식이 고구려식으로 가장 오래된 목조건물이라고 한다. 극락전 내부 기둥은 모두 배흘림기둥으로, 드러난 연등천장과 단단히 엮여 있었다. 둥그런 기둥은 여유로우면서도 우아한 자태를 지닌 여인의 치마폭 같았다.

하나둘 모여든 우리 대가족은 안동특산물인 간고등어로 점심을 먹으며 그동안 밀린 이야기꽃을 피운 뒤 도산서원으로 향했다. 입구에 들어서니 모란꽃이 화사하게 우리를 반겼다. 학문을 강론하던 전교당에는 선조가 사액한 한석봉의 친필인 '도산서원' 현판이 걸려 있었다. 관직을 사양하고 후학을 기르기 위해 고향에 도산서당을 세워 학문을 연구한 퇴계 이황 선생의 얼이 현판 속에 서려 있는 듯했다. 작가 최인호의 장편소설 ≪유림≫을 읽고 이곳에 오니 민족의 스승이신 선생님에 대한 감회가 새로웠다. 중국과 일본의 학자들까지 존경해 마지않는다는 퇴계 선생님에 대하여, 솔직히 우리는 얼마나 알고 있을까?

세월을 당겨 퇴계 선생의 사상을 더듬어본다. 1501년 출생한 퇴계보다 370년 전에 태어난 송나라의 주자는, 성리학을 집대성하고 본성이 곧 이理라는 성즉리性卽理사상을 정립하며 '사단칠정론'을 주장하였다. 하지만 막상 주자는 구체적인 이론을 제시하지 않고 깊이 있게 다루지 못했다. 나라와 세기를 넘나들며 퇴계는 주자의 사단칠정론을 이어받아 그의 사상을 한층 심화하였다. 주자는 맹자의 성선설에 근거를 두는 인의예지仁義禮智는 인간의 본성인 사단으로 이理요. 기쁨, 분노, 슬픔, 두려움, 사랑, 미워함, 욕심은 기질의 성性인 칠정七情으로 기氣라고 구분하는 '이기론'理氣論으로 풀어 사단칠정론을 설명하였다. 이러한 주자의 학설을 퇴계는 '이理는 기氣의 장수가 되고 기는 이의 졸도가 된다.'로 사단칠정론을 보완하여 '이기이원론'을 주장한다. 이 주장에 대해 호남의 고봉 기대승은 통렬히 비판하였다. 그는 주자가 말한 '이理와 기氣는 분리된 적이 없다.'는 학설을 들어 반론을 펼쳤다. 26세나 연하인 고봉과 4년여에 걸쳐 오고 간 편지로 치열한 '사단칠정논변'을 하였다. 그 결과 퇴계는 고봉의 의견을 받아들여 '사단은 이理가 드러나자 기氣가 그것을 따르는 것이고 칠정은 기가 드러나자 이가 그 위에 올라타는 것이다.'라고 이기이원론 내용을 수정하였다. 자기학설의 잘못을 인정하고 고치는 행동은 군자만이 할 수 있는 진정한 용기라고 본다.

이렇듯 철학사상 가장 격렬했던 고봉과의 논쟁은 퇴계가 사단칠정론을 완성하는 계기가 되었으며 독특한 철학사상인 '이기이원론'을 확립하게 되었다. 퇴계의 *이기이원론理氣二元論은 이理로써 칠정七情을 다스려 인간이 선한 마음을 간직하면, 하늘과 내가 다름없는 성인으로 들어갈 수 있다는 도덕적 가치관인 수양론이다. 인간의 끝없는 욕심 때문에 도덕성이 무너져가는 오늘날, 퇴계 선생의 이기이원론을 깨닫고 사람들이 선한 마음으로 덕을 베풀며 산다면 세상은 평화로 가득 차리라.

퇴계는 주자로부터 이어받은 이기론을 결승점까지 달려 성리학을 꽃피운 유가의 마지막 경주자였다. 성리학의 중국 근대사상가인 양계초는 퇴계를 공부자孔夫子와 같은 이부자李夫子로 표현하며 퇴계를 유가의 완성자로서 성인의 반열에 올렸다. 그리하여 퇴계는 조선시대는 물론이고 동양유교문화권의 거목이요, 나아가 세계적인 대사상가로 우뚝 설 수 있게 되었다.

퇴계 선생은 출세하려고 학문을 한 것이 아니라, 인격의 완성을 위해서 평생 학문을 닦은 참 유학자였다. 그는 갔어도 퇴계의 숭고한 정신은 길이 빛나리라는 생각을 하며, 퇴계 선생님이 주로 거주했다는 완락재 주변을 서성거렸다.

퇴계는 젊어서 침식을 잊고 주역을 탐독하다가 허약해진 몸을 다스리려고 자연과의 어울림을 생각하며 도산 서당을 지었다고 한다. 문밖 오솔길은 낙동강 상류로 산수가 어우러진 풍광이 뛰어난 길이었다. 퇴계는 아름다운 자연을 벗 삼아 지은 시가 이천여 수에 이른다고 하니 철학적 사상과 시문학을 겸비한 대학자라는 말이 가슴에 와 닿는다. 저만치 호수 위로 정자가 보였다. 정조 대왕이 퇴계 선생을 흠모하여 도산서원 앞 강변에서 과거시험을 본 것을 기념하여 단을 쌓고 기념비를 세운 '시사단'이라고 한다. 그의 학덕을 기리기 위해 한양이 아닌 안동지방에서 과거를 보았다니 위대한 사상가인 퇴계의 발자취를 새삼 느낄 수 있었다.

안동댐을 바라보는 숙소에서 남매들의 도란도란 얘깃소리에 섞인 웃음소리는 봄바람처럼 훈훈했다. 다음 날은 하회 마을에 들렀다. '안동 하회 별신굿'은 양반을 풍자하는 해학극으로 외국 관광객까지 웃음의 도가니로 몰아넣었다. 하룻밤을 지새우며 더욱더 정이 든 남매들과 다시 만날 날을 기약하며 헤어졌다. 아쉬움에 차창 밖으로 손을 흔들며 돌아오는 길가 곳곳에 '정신문화의 수도 안동입니다'라는 현수막이 눈에 띄었다. 성리학의 완성자인 이황 선생처럼 높은 지성의 봉우리가 있기에, 정신문화의 수도라는 말은 안동에 딱 어울리는 말 같았다.

안동여행을 하면서 퇴계 선생의 정신을 가슴속에 새기다 보니, 저절로 인격이 다듬어지는 듯해 살며시 미소가 흘러나왔다.

(2012. 5.)

*이기이원론 : 최인호의 장편소설 유림 6권에서 내용을 발췌함.

플라타너스 길

내가 처음 근무한 곳은 산골이었다. 면 소재지에서 조금 떨어진 곳이라 버스에서 내려 걸어가야 했다. 구불구불한 신작로 양옆으로 하늘을 찌르는 플라타너스가 쭉 서서 나를 환영해 주고 있었다. 나무들의 사열을 받으며 부임한 곳은 무주 적상초등학교였다. 조회할 때 운동장에서 보이는 적상산은 삼월인데도 봉우리에 잔설이 하얗게 쌓여 있었다. 눈길 닿는 곳은 모두가 산이었다.

호기심에 눈을 반짝이는 5학년 아이들과의 첫 만남은 설렘이었다. 열정으로 가슴이 불타오르던 이십대 청춘. 아이들에게 보여주고 싶어 주말이면 전주에 가서 팬지, 금붕어 등을 사 날랐다. 아이들이 새로운 것을 보고 좋아하면 나도 덩달아 신이 났다. 교실을 잘 꾸며보려고 어스름해질 때까지 꼬부라져서 환경정리를 했다. 그 시절엔 합판에다 페인트칠해서 교실 벽을 꾸몄다. 미색 바탕에 파란 붓글씨로 쓴 동시는 지금도 생각난다.

> '앞을 보아도 뒤를 보아도 산 산 산 / 봄에는 진달래 찾아 동산에 오르고 / 여름엔 첨벙첨벙 냇물에서 헤엄을 치네. / 가을엔 머루 다래 찾아 산길을 헤매고 / 겨울엔 토끼를 쫓아 눈 쌓인 능선을 달리네 / 친구는 도회지가 그리워도 나는야 내 고향 산골이 좋아라'

산촌 어린이들의 동심을 담아 쓴 나의 자작시다. 아이들과 함께 체육 시간에는 군가를 부르며 운동장을 뛰었다. 수학 시간엔 아동들이 이해할 때까지 설명하다 3시간을 쉬는 시간도 없이 가르친 적도 있었다. 지금 생각하면 애들이 얼마나 지겨웠을까? 운동회 때는 부채춤, 강강술래를 해가 뉘엿뉘엿 질 때까지 지도했다. 아무튼, 열정 하나만은 누구 못지않은 젊은 날의 내 모습이었다.

무더운 여름이면 갈 곳 없는 처녀 선생들이 은밀히 모이는 곳이 있었다. 바로 마을 앞 냇물이 흐르는 다리 밑이다. 그곳은 우리의 비밀 선녀탕이었다. 산골짜기라 밤이 되면 비포장 신작로엔 차들이 거의 다니지 않았다. 가로등도 없는 깜깜한 그곳은 안성맞춤인 아가씨들의 전용 풀장이다. 우리는 거의 날마다 모여 빨래도 하고 목욕을 하며 즐겼다. 내가 윗물에서 머리를 감다 하얀 비누 거품이 떠내려가면 '선녀가 하강하여 목욕하네.' 하며 아랫물에서 깔깔대고 웃었다. 그래서 내 별명이 박 선녀가 되었다. 어쩌다 저 멀리서 자동차 불빛이 보이면 우리는 허둥지둥 다리 밑으로 몸을 숨겼다. 불빛이 사라지면 모두 나와서 호호거리며 물장난을 했다. 아마 조선시대 김홍도 화가가 보았더라면 '목욕하는 여인들'이라는 제목의 풍속화가 나오지 않았을까?

처녀 선생 셋이 감나무가 있는 학교 뒷담에 붙어 있는 집에 방을 얻어 자취하였다. 맘씨 좋은 주인집 동수 아버지는 내 방 아궁이에 불을 지펴서 방구들을 따끈하게 해주고 물도 데워 주셨다. 훈훈한 아저씨 인정으로 겨울을 따뜻하게 보낼 수 있었다. 주인집 누렁 소는 눈망울이 어찌 그리 순한지. 내가 소를 쓰다듬어 주면 눈을 껌벅이며 가만히 있었다. 지금도 누렁이의 맑은 눈을 생각하면 왠지 마음이 순수해진다. 그 집은 머물고 싶은 고향같이 푸근한 곳이었다. 별로 할 일이 없는 아가씨들은 밤마다 모여 이야기 꽃을 피웠다. 낮에 일어난 사소한 일, 책과 인생 이야기 등을 하며 밤이 깊어가는 줄도 모르고 도란거렸다. 객지에 와서 허전함을 달랠 수 있는 맘에 맞는 또래가 있다는 것은 얼마나 큰 행운이었는지 모른다.

초임지가 두메산골이라선지 젊은 교사가 많았다. 처녀, 총각 선생이 각각 3명씩 있었다. 일부러 짝을 맞추어 발령 낸 것도 아닐 텐데. 사방이 산으로 둘러싸여 갈 곳 없는 청춘이 모였는데 어찌 가만 있을쏘냐. 그저 바라볼 수만 있어도 좋은 사람들이 아닌가. 우리는 마음이 통하여 한 달에 두 번씩 면 소재지로 나가서 회식하였다. 작은 마을이라 순대국밥이나 냉면 정도였지만 가끔 나가서 먹는 식사는 어찌 그리 맛이 있는지. 회식하며 서로의 애로 사항도 말하며 위로받고 이런저런 이야기로 시간 가는 줄 몰랐다. 이윽고 밤이 이슥하여 집에 갈 때는 달이 떠 있는 날이 많았다. 자취집까지 가려면 한참을 걸어가야 했다.

낮에는 커다란 나뭇잎으로 시원한 그늘을 만들어 주던 플라타너스. 밤에는 높다란 우듬지에 둥근달을 걸쳐놓고 신작로를 걸어가는 우리를 환하게 비췄다. 플라타너스 나뭇잎 사이로 이지러진 달이 하얀 은가루를 길 위로 쏟아부었다. 은은한 달빛에 취해 누구랄 것도 없이 노래를 부르기 시작했다. 휘영청 밝은 달을 보며 그 시절 유행하던 포크송, 가곡 등을 불렀다. 그중에 노래 잘하는 후배 남선생이 바리톤으로 부르던 노래는 모두의 심금을 울렸다. '내 고향 남쪽 바다 그 푸른 물 눈에 어리어 꿈엔들 잊으리오.' 집을 떠나와 지내다 보니 향수에 젖을 수밖에. 외로운 우리는 그렇게 어울려 지내며 적막한 산골생활도 즐거운 나날로 만들었다. 지금의 남편이 그 청춘 속에 있었다. 플라타너스 나뭇잎 사이로 은은히 흘러내린 월광이 우리에게 사랑을 실어 보냈나 보다.

지금은 점점 사라져가는 플라타너스 가로수 길. 어쩌다 시골에서 보게 되면, 그 옛날 산촌에서 열정으로 가르쳤던 아이들과 달빛 부서져 내리던 길을 걸었던 추억이 아련한 그리움으로 피어오르다.

(2013. 1.)

기회는 행복의 열쇠

얼마 전 식사를 하러 모교 근처에 갔다. 무엇이 그리 재미있는지 재잘거리며 하교하는 발랄한 여고생들의 모습을 보니 지난날 아스라한 기억 저편의 소녀가 떠올랐다.

그 옛날 여고 시절 하얀 상의에 검정 치마를 입고 단발머리를 나풀거리며 책가방을 힘겹게 들고 가던 가냘픈 소녀. 나는 기관지 천식으로 가을바람에 흔들리는 갈대처럼 허약한 아이였다. 기침으로 잠을 못 이룬 날에는 어머니께서 책가방을 머리에 이고 학교까지 데려다 주셨다. 어머니의 지극정성으로 병약했어도 결석 한 번 하지 않고 학교에 다닐 수 있었다.

내가 다니던 전주여상은 상업학교라서 방과 후에 진학반을 편성하여 진로지도를 하였다. 진학반 희망조사를 하는데 어머니 혼자서 꾸려가는 가정 형편상 대학 진학은 어려워 망설이고 있었다. 담임선생님께서 희망자를 취합하여 들고 나가려는 순간에 나는 누가 밀어내기라도 한 듯 자리에서 벌떡 일어나 조사표를 냈다. 그 당시 나를 취업시켜줄 사람은 아무도 없었다. 나 혼자 장래를 결정해야 할 기로에서, 공무원이 되어 어머니께 빨리 경제적인 도움을 드리고 싶었다. 그런 생각이 머리에 떠오르자 용기를 내어 진학반을 마지막에 선택하였다.

문학책을 좋아하여 수업시간에도 선생님 눈을 피해 읽을 정도로 독서광이었던 나는 학교 공부는 대충하였다. 그런데 진학 반에 들어가고부터는 교과서도 없이 참고서로만 하는 수업이 그렇게 재미있을 수가 없었다. 일단 목적이 생기니 공부할 의욕이 넘쳤다. 그러니 저절로 집중력이 좋아져 머릿속에 학습 내용이 신통하게 잘도 들어왔다. 참고서 한 권을 소설책 읽듯 내리 사흘 만에 독파할 정도였다. 내 일생에 그렇게 공부를 신바람 나게 한 적이 없다. 성적이 쑥쑥 콩나물 자라듯 계속 올라갔다. 선생님께서도 놀라며 성적이 좋으니 교육대학에 가면 어떻겠냐고 하셨다. 여고 졸업 후 곧바로 취직하려고 공무원이 되고자 했었다. 하지만 선생님 말씀에 힘입어 내 어릴 때 꿈인 교사로 목표를 확실히 정하고 마음을 다잡고 공부에 매진했다. 참고서 살 돈이 없어서 친구 오빠의 낡은 책을 빌려서 학습하고 어쩌다 새 책을 사면 좋아서 쓰다듬으며 공부했다. 어느 날은 교실에 남아서 밤늦도록 공부하는데 깨진 유리창으로 찬바람이 들어와 추웠다. 바람을 종이로 막아보려고 책상 위에 의자를 놓고 올라갔다가, 넘어져서 기절하여 친구들이 집까지 데려다 준 적도 있었다. 휴일마다 도서관을 찾아다니며 잠자는 일 외에는 공부만 하였다. 꿈이라는 돛대를 달고 출항한 배는 거센 물살을 헤치며 목적지에 닿을 때까지 멈추지 않고 나아갔다.

간절히 원하면 소원이 이루어진다는 피그말리온 효과처럼 나는 드디어 예비고사를 통과하고 전주교대에 합격했다. 어머니께서는 대학에 합격하자 없는 형편이지만 집이라도 팔아서 가르친다고 하셨다. 다행히 그때는 국가에서 학비를 보조해줘서 무난히 교대를 졸업하였다. 현직에 나가면서 비로소 고생만 한 어머니를 내가 번 돈으로 모시니 그렇게 뿌듯할 수가 없었다.

돌이켜 생각해보면 고3 때 감나무 밑에서 감 떨어지길 마냥 기다리는 사람처럼 진학 반 희망을 하지 않았다면 어떻게 되었을까? 아마도 오늘의 나는 없었을 게다.

러시아의 대문호 톨스토이는 '세상에서 가장 중요한 것은 이 순간 내 옆에 있는 사람을 소중하게 생각하며 최선을 다하여 사는 것'이라고 말했다. 이 말처럼 기회가 왔을 때 그 순간을 중요하게 생각하고 열정을 다했기에 내 꿈인 교사가 될 수 있었다. 내가 하고 싶은 목적을 달성했기에 이 순간 지금 이대로 나는 만족한다. 일생 동안 성공의 기회는 몇 번 온다고 한다. 선택의 순간 '나는 할 수 있다.'는 생각을 하는 용기 있는 자만이 기회라는 열쇠를 차지하고 행복의 문을 열 수 있으리라.

얼마 전 현직에서 명퇴한 뒤 나는 다시 꿈을 꾼다. 항상 새로운 일에 도전하는 나는 선택의 갈림길에서 또 다른 기회를 엿본다. 세계일주, 웃음치료사, 수필가, 시낭송 등. 날마다 새로움으로 단장하느라 바쁜 나날일지라도 꿈꾸는 나는 행복하노라고 말하고 싶다.

(2012. 9.)

밀림 속에 숨겨진 비밀

눈앞에 끝없는 수평선이 펼쳐졌다. 하늘과 맞닿은 짙푸른 대서양을 바라보자 가슴이 탁 트여 여행피로감이 일시에 사라지는 듯했다. 동북아시아 한국에서 태평양을 넘어 북미대륙을 횡단하여 대서양연안인 칸쿤까지 날아왔다. 그 옛날 서부영화에서나 보았던 머나먼 이국 땅 멕시코까지 오게 되다니 새삼 감동의 물결이 밀려왔다.

여장을 풀고 바닷가에서 같은 팀의 여행객들과 밤바람을 맞으며 담소를 나누니 낯설었던 사람들이 친근하게 느껴져 앞으로의 여정이 설렘으로 다가왔다. 오래도록 꿈꾸던 중남미 여행을 2008년 1월에 떠났다. 몇 년 전부터 준비하여 떠나는 장장 21일간의 여정이었다. 이튿날 새벽에 남편과 나는 바닷가를 산책하였다. 나무로 엮은 다리 아래서 그물로 고기를 잡는 사람이 있었다. 어스름 여명으로 보니 바닷가재 같았다. 해안을 따라 걷는데 수평선에 해가 솟는가 싶더니 순식간에 눈부시게 떠올라 세상을 환하게 했다. 이곳은 적도와 가까워 태양도 그렇게 순식간에 뜨는가 보다. 아침 햇살에 호텔 수영장 가로 부켄베리아꽃이 아롱다롱 피어 있고, 갈잎으로 엮은 방갈로 주변에 야자수가 늘어선 이국적인 정취. 보는 시선에 따라 변하는 카리브 해 물빛은 누구라도 반해버릴 것 같은 아름다운 풍경이었다. 칸쿤이 왜 세계적으로 유명한 휴양도시인지 눈앞의 정경이 말해주고 있었다.

아침 일찍 버스를 타고 마야문명을 찾아 떠났다. 치첸이사는 세계 7대 불가사의 중 하나인 마야유적지다. 밀림 한가운데로 들어서니 널따란 평지 위에 우뚝 서 있는 피라미드가 내 눈을 사로잡았다. 이집트에만 피라미드가 있는 줄 알았는데 마야유적지에도 있을 줄이야. 눈앞에 보이는 꾸꿀칸 피라미드는 태양의 신전으로 사면이 각각 91층의 계단으로 이루어져 있었다. 맨 꼭대기 중앙에 한 층이 더해져서 총 계단의 수가 365개로 일 년의 날짜를 나타낸다고 했다. 서양에서는 율리우스 카이사르가 기원전 45년에 이집트력을 보완하여 현재의 달력인 율리우스력을 만들었다. 그런데 마야인은 그보다 훨씬 전에 인류 최초의 달력인 마야력을 만들었다고 하니 놀라운 일이 아닌가. 과거와 미래까지 예견하고 건축물의 곳곳에 상형문자를 새겨 둔 그들의 예지력은 경이로울 뿐이다. 꾸꿀칸 피라미드는 정확한 기록은 없지만, 8세기경에 마야력을 기초로 천문학을 응용하여 만든 신전이라고 한다. 맨 아래층 계단 기둥에는 그들의 신인 켓살코아틀(날개 달린 뱀) 머리가 조각되어 있었다. 밤낮의 길이가 같은 춘분과 추분에는 그림자가 맨 꼭대기에서 길게 늘어져 맨 아래층 켓살코아틀 머리까지 일직선으로 닿아, 살아 움직이는 것처럼 보여서 마야인은 신이 모습을 보여주는 것이라고 믿었다. 그들의 놀라운 천문학과 기하학이 건축물에 적용된 결과이리라. 지금도 춘분과 추분에는 이 신기한 광경을 보러 세계에서 관광객이 발 디딜 틈이 없을 정도로 몰려온다고 한다.

꾸꿀칸 신전의 맨 꼭대기 층은 태양의 신에게 사람의 심장心腸을 꺼내어 제물로 바치는 곳이라고 했다. 마야인은 붉은 심장을 바쳐야만 빨간 해가 다시 떠오른다고 믿었다고 한다. 현지 인디오인 가이드가 갑자기 손뼉을 쳤다. 신기하게도 손뼉소리가 피라미드 꼭대기 중앙에 있는 창문에서 새소리처럼 울려 퍼졌다. 한국 안내자가 덧붙여 설명하기를 옛날 마야인은 기하학에 능통해 건축물에 공명을 응용하였다고 했다. 부족들을 모아놓고 설법을 할 때 꼭대기에서 제사장이 말하면 수많은 사람이 운집해 있는 지상까지 다 들렸다고 한다. 요즈음으로 말하면 빅 사운드의 음향시설을 그 옛날에 이미 과학적으로 설치한 것이니 그들의 천재적인 건축기술이 놀라울 뿐이다.

유적지를 돌아보던 중 길섶에 커다란 이구아나가 뒤뚱뒤뚱 기어가고 있었다. 야생의 파충류가 이곳이 열대 밀림 속이라는 것을 알려주고 있었다. 신전 모퉁이를 돌아서니 돌기둥이 즐비하게 서 있었다. 마야족이 전쟁에서 패한 부족을 포로로 잡아다가 돌기둥에 묶어 놓고 노예로 팔았다고 한다. 동서양을 막론하고 힘의 논리에 의해 약자들을 동물처럼 사고팔았다니 웅장한 유적 뒤에는 수많은 사람의 희생이 따른다는 것을 새삼 느꼈다.

다음 날은 카리브 해에 있는 뚤룸 유적지를 찾았다. 넓은 평원이 펼쳐진 절벽 아래 비췻빛 해안가로는 하얀 물거품이 넘실거리며 춤추고 있었다. 주변 경관이 수려하여 〈캐러비안 해적〉 영화 촬영지로도 유명하다. 이곳은 마야인이 배를 타고 여러 곳에서 모이는 교통의 요지로 상인들이 많이 모여 시장을 형성한 곳이라 한다. 돌로 담을 쌓고 드나드는 입구를 만들었는데 허리를 숙이고 들어가야 했다. 마야인의 키가 작아 출입구가 작다고 했다. 평원에 세워진 돌로 된 성곽과 집들이 아기자기했다. 고개를 숙이고 그들의 유적지를 드나들며 잠시 내가 난쟁이 나라에 온 듯했다.

마야문명은 기원전부터 13세기까지 유카탄 반도에서 마야족을 중심으로 생긴 고대 문명이다. 그들은 농경 생활을 주로 하고 신권정치를 행하였으며 천문, 역법, 상형 문자가 발달하였다. 대부분 문명은 강을 끼고 발달하건만 이들은 밀림 속에 도시를 세웠다. 마야인은 부족사회가 서로 교류하며 발전하였는데 고대 그리스처럼 도시국가로 발달했다.

이렇게 오래된 마야문명은 13세기경에 갑자기 사라졌다고 한다. 그들은 왜 밀림 속에서 홀연히 연기처럼 없어진 것일까? 전염병이나 천재지변으로 멸망했으리라는 추측만 무성할 뿐 기록이 없어 누구도 정확한 이유를 알지 못한다고 한다.

마야인은 사라져갔지만 불가사의한 마야문명은 아직도 세계인의 마음을 사로잡는다. 그들이 2012년도까지만 달력을 만들었기에 세기의 종말이라는 등 설왕설래하며 세계인의 궁금증을 불러일으키고 있다. 밀림 속에 숨겨진 신들의 고향으로 남은 마야문명. 고도로 발달한 그들의 천문학에 얽힌 비밀은, 영원한 수수께끼로 지금도 사람들에게 신비롭게 다가오는 전설이다.

공룡의 등을 타다

그곳에 공룡은 없었다. 눈앞에 보이는 것은 가파른 절벽과 기기묘묘한 바위들뿐이었다. 한 발 한 발 긴장의 연속이었다. 잠시라도 눈길을 돌리면 그대로 낭떠러지로 추락하고 마는 것이다. 쥐라기 공룡을 만났을 때 기분이 이렇게 으스스할까? 지구에서 사라져버린 공룡을 찾아 우리는 절벽을 기어오르고 바위에서 미끄러지지 않으려고 안간힘을 쓰며 앞으로 나아갔다.

우리나라에서 가장 신비로운 장관이 그곳에 있다는 말에 무작정 길을 나섰다. 공룡이라는 말에 이끌려 왔는지도 모른다. 호기심이 많은 나는 새로운 곳을 찾아가길 좋아한다. 공룡의 모습을 멀리서나마 본다면 얼마나 멋있을까? 기대하며 설악산에 올랐다. 외설악과 내설악 사이에 공룡이 엎드려 있다고 했다. 그곳으로 가는 길목인 천불동 계곡은 눈길이 머무는 곳마다 기이한 바위들이 연이어 나타났다. 천 가지 변화무쌍한 모습이라 붙여진 이름이다. 설악의 계곡물은 어찌 그리 맑은지. 물빛은 하늘을 담아 비취색이 되었나. 가파른 길을 숨 가쁘게 오르자, 절벽을 타고 흐르는 두 줄기의 폭포가 그대로 바위를 뚫어서 움푹 파인 절구통에 초록의 물을 담고 있었다. '양폭'에서 시원하게 쏟아지는 물보라는 이마에 맺힌 땀방울을 걷어 갔다.

아침 7시에 출발하여 대청봉과 공룡능선으로 갈라지는 희운각 대피소 근처에서 도시락을 먹으며 잠시 쉬었다. 희운각에서 마등령까지 이어지는 공룡능선을 타려면 하룻밤을 자고 가야 여유롭게 산행할 수 있다. 하지만 우리는 하루 만에 갔다 올 작정으로 가볍게 등산길에 올랐다. 완전 장비를 갖추고 공룡능선 쪽으로 가는 산악인들을 보더니, 남편은 조금 염려가 되는지 이곳에서 하산하는 게 어떨까 물었다. 나는 마음먹었으니 가야 한다며 앞장섰다. 오랫동안 별러왔던 공룡을 만나러 가는 길을 멈출 수는 없었다.

공룡능선으로 접어든 우리는 무거운 짐이 없으니 발걸음도 빨랐다. 눈앞에 보이는 풍경은 굽이굽이 바위산이었다. 바위에 뿌리내리고 끈질긴 생명력을 자랑하며 푸르게 빛나는 소나무. 억겁의 세월 속에 바람은 바위마다에 조각을 했나. 보이는 곳마다 뾰족뾰족한 기암괴석이 끝없이 이어졌다. 바위산으로 구불구불 이어진 장대한 모습이 공룡이 꿈틀거리는 듯했다. 마치 공룡이 잠에서 깨어나 등뼈를 일으켜 세운 모습과 같아 공룡능선이라 한단다. 이 능선을 경계로 동쪽은 외설악 서쪽은 내설악이다.

젊음이 넘치는 때는 마음만 먹으면 무엇이든 할 수 있을 것 같았다. 무거운 배낭을 멘 등산객들을 제치고 앞으로 나아갔다. 당일로 내려가려니 마음이 급했다. 누가 매달았는지 깎아지른 바위에는 자일이 매어져 있었다. 경사가 급한 암벽은 줄을 잡고 오르니 훨씬 수월했다. 높은 산 날씨는 예측할 수가 없다고 했던가.

화창했던 하늘이 갑자기 운무가 끼고 바람이 불었다. 산봉우리 사이사이에는 흰 구름이 덮여 운해를 이루었다. 구름에 싸인 수많은 바위산은 여러 폭의 산수화가 이어진 병풍 같았다. 바람결에 구름이 흩어지는가 싶더니 부슬부슬 비가 내리기 시작했다. 바위산이 물에 젖으니 미끄러워서 발걸음을 빨리할 수가 없었다. 구름에 가려 아무것도 보이지 않는 산길. 나는 구름 위를 떠가는 나그네가 되었다.

비는 차츰 안개비로 변하더니 잦아들었다. 저 멀리 알록달록한 텐트촌이 보였다. 드디어 공룡의 꼬리인 마등령에 들어선 것이다. 우리는 공룡의 등을 타고 온 것이다. 공룡이 화석이 되어 바위로 변했는지. 넘고 넘어도 기를 쓰고 앞을 가로막는 기암괴석. 온통 바위투성이인 공룡능선에 공룡은 없었다. 붕어빵에 붕어가 없듯이. 희운각에서 마등령까지 5.1km 바위산으로 이어진 빼어난 절경의 공룡능선. 하늘을 지붕 삼아 설악의 산꼭대기를 오르락내리락 한 사람만이 볼 수 있는 신비로운 비경. 누군가는 내려올 산을 왜 오르느냐고 한다. 산에 오르는 자만이 그곳의 아름다움을 볼 수 있다는 사실을 가지 않은 사람은 모르리라. 마등령에서 잠시 휴식을 취하고 하산 길에 들었다. 꿈에라도 보고 싶은 환상적인 공룡능선을 다시 한 번 뒤돌아보며 아쉬운 발걸음을 옮겼다.

내리막길은 빠르게 내려갈 줄 알았다. 그런데 그건 오산이었다. 열 시간이 넘은 산행으로 다리에 힘이 풀리기 시작했다. 땅거미가 내리기 전까지는 그런대로 전진할 수 있었다. 경사가 급한 금강굴 부근을 지날 무렵, 어둠이 산속에 그물을 치자 고행이 시작되었다. 어찌 그리 자신만만했던지 밤 산행은 생각지도 않고, 랜턴을 갖추지 않아 한 발 떼어 놓기가 무척 어려웠다. 요즘은 스마트폰 플래시도 있지만 그때 우리 손엔 아무것도 없었다. 있다면 자만심 가득한 젊음만이 있을 뿐이었다.

칠흑 같은 어둠 속에서, 어디가 길인지도 모르고 걸을 힘도 없어 비탈진 곳은 미끄럼을 타다시피 내려왔다. 다행히 전문산악인들이 가끔 랜턴을 비추며 내려왔다. 그 빛을 동냥하여 신흥사까지 가까스로 내려올 수 있었다. 오후 9시에 도착하였으니 꼬박 14시간 산행이었다. 지칠 대로 지친 우리는 마침 그곳에 있던 영업용 봉고차에 몸을 싣고 민박집으로 향했다. 우리는 지친 다리에 파스를 붙이고 주무른 뒤에야 겨우 잠이 들었다. 그래도 잠을 자고 나니 원기를 회복하여 차를 몰고 무사히 집에 돌아올 수 있었다.

돌이켜보니 무조건 당당하게 도전했던 그 시절이 그립다. 지금은 온종일 걸으며 고행에 가까운 바위산을 오르내리는 공룡능선을 가볼 수나 있을까. 어리석을 정도로 무모한 내 젊은 날의 용기가 있었기에, 그 멋진 공룡의 등을 타고 구름 속을 신선처럼 거닐 수 있지 않았나 싶다.

(2013. 4.)

6부

〈페테르부르크 여름궁전〉 수많은 분수는 허공에서 음악에 맞추어 물보라를 흩날렸다.

실크 스카프

가슴속 공간에 오래도록 잡다한 생각으로 얼기설기 얽힌 거미줄을 걷어내고 일상에 찌든 먼지를 닦아내어, 투명해진 마음에 고요한 사색의 창을 내고 싶다.

실크 스카프

화사한 봄 날씨에 어울리게 원피스에 분홍빛 실크 스카프를 걸치고 기타교실에 갔다. 그룹발표가 있어서 수업이 끝나고도 한참 연습을 한 뒤 늦은 점심을 먹으러 국숫집에 들렀다. 아줌마가 끓여주는 국수는 호박과 바지락이 어우러져 구수한 국물 맛이 일품이라 자주 찾는다. 자리를 잡고 앉아 실크 스카프에 얼룩이 생길까 봐 개어서 벽 쪽에 놓았다. 순간 내 눈앞에서 스카프가 스르르 꼬리를 감추며 사라지는 게 아닌가?

순간 내 눈을 의심했다. 잘못 봤나. 상 밑으로 들어갔겠지 하고 밥상 밑을 들여다보아도 없었다. '스카프가 어디로 갔나?' 내 중얼거림에

“금방 두르고 온 스카프가 어디로 갔을라고요. 가방도 찾아봐요.”

옆에 있던 기타동아리 동생이 말했다. 여기저기 뒤져도 스카프는 나오지 않았다. 봄날에 두르면 우아해 보인다고 한 마디씩 건네는 분홍빛이 고운 실크 스카프. 말이 스카프지 기다란 숄이었다. 그렇게 큰 숄이 어떻게 내가 보는 앞에서 사라진단 말인가. 구석구석 찾아도 없으니 같이 온 사람들도 아리송한 표정이었다. 처음엔 봤다고 했지만 스카프를 두르고 왔는지 잘 모르겠다고 했다. ‘이상한 나라의 앨리스처럼 토끼 구멍으로 들어갔나.’ 구시렁거리며 행방이 묘연한 스카프를 찾아 나섰다.

나는 고개를 갸우뚱거리며 가까운 기타교실로 가봤다. 그곳에도 없었다. ‘분명히 두르고 나왔는데 있을 리가 없지. 혹시나 해서 왔을 뿐이고.’ 이제 스카프 찾기는 사라진 원점에서부터 수색하는 거다. 마치 내가 ‘아가사 크리스티나’ 추리 작가라도 된 듯이 머릿속으로 미스터리 사건을 풀어 갔다.

맨 처음 방에서 스카프가 사라진 지점을 집중적으로 탐색하는 거야. 먼저 내가 앉아 있던 방 벽에 설치된 미닫이 유리 문밖으로 가봤다. 혹시 문틈으로 스카프가 흘러내렸나 살펴보기 위해서다. 문은 단단히 잠겨 있고 틈도 없었다. 다시 방안으로 들어왔다. 모두 오리무중인 스카프의 행방에 설왕설래 중이었다. 정말로 스카프가 블랙홀로 들어갔나? 아니면 문틈에 스카프가 보이자 지나가던 사람이 순식간에 낚아채 갔나.

어찌된 일인지 나는 혼란스러웠다. 내 눈앞에서 스카프가 순식간에 없어지다니 귀신이 곡할 노릇이다. 훤한 대낮에 도깨비가 와서 가져간 것도 아니련만 눈 깜짝할 사이에 사라지다니. 너무도 황당한 실종사건에 어이없는 웃음으로 국숫집 부근이 소란스러웠다. 나는 점점 미궁으로 빠져드는 스카프 미스터리의 마지막 카드로 주인에게 물었다.

"아줌마, 혹시 벽에 구멍이 뚫렸나요? 스카프가 벽 속으로 사라졌어요."

"아니, 벽에 무슨 구멍이 있어? 가만있어보자 그곳으로 빠졌나?"

아주머니가 황급히 방으로 들어왔다. 아줌마는 엎드려 벽 쪽으로 손을 밀어넣더니 잠시 뒤 분홍 스카프를 흔들어 보이는 게 아닌가!

"음마, 이것이 어쩐 일이대유. 정말로 블랙홀로 빠졌고만이라."

어이가 없으니 저절로 사투리가 막 튀어나왔다.

"긍께 저번에 어떤 여자도 스카프가 없어졌는디, 이 구멍서 찾었당게."

그 구멍은 방바닥과 벽 사이에 미닫이문이 들어가는 틈만큼 공간이 있고, 방바닥은 쑥 올라와 있었다. 아마 개축하면서 공간이 생긴 모양이었다. 건성으로 보면 벽만 보이고 틈새는 보이지 않았다. 그 시커먼 구멍으로 실크 스카프가 미끄러우니 스르르 빠진 것이다. 벽과 방 사이에 허공이 있을 줄은 상상도 못했기에 우리가 혼란에 빠진 것이다. 스카프가 내 앞에서 사라질 때 소금만 눈여겨 보았더라도 문제는 금방 풀렸을 텐데. 코앞에 해답이 있는 줄도 모르고 먼 길을 돌아 문제를 해결했다. 어쨌든 황당한 미스터리 사건은 어이없이 종결되고 아끼던 분홍 스카프를 찾게 되어 다행이었다. 어린아이처럼 순진한 눈으로 봤다면 단박에 눈에 띄었을 틈새를 장님처럼 보지 못했다.

우리는 눈에 보이는 현실만 믿는다. 눈에 띄지 않는 곳에 더 많은 진실이 숨어 있는지도 모르는데 말이다. 자기가 진정 원하는 일이 무엇인지도 모르고 앞만 보고 가는 사람, 죽을 줄도 모르고 불빛을 찾아 정신없이 달려드는 하루살이, 부평초같이 아무 생각 없이 이리저리 떠도는 방랑자. 바쁜 일상에 쫓기듯이 사는 오늘의 우리는 자신이 꿈꾸던 일을 하고 있을까? 세상에 흔들리며 사느라 자기가 하고 싶은 일을, 시작도 못하고 있지나 않은지 생각해 볼 일이다. 살면서 대부분 시간을 우리는 자신과 마주하고 있다. 그렇다면 세상에서 가장 중요한 사람은 바로 나다. 옳다고 생각하는 일은 누구보다 소중한 자신의 신념을 믿고 원하는 삶을 만들어 가야 먼 후일 흐뭇한 미소를 짓지 않을까.

허둥대며 보낸 오늘 하루가 어떤 사람에게는 일생을 정리하는 숙연하고 고귀한 시간일 수도 있다. 가슴속 공간에 오래도록 잡다한 생각으로 얼기설기 얽힌 거미줄을 걷어내고 일상에 찌든 먼지를 닦아내어, 투명해진 마음에 고요한 사색의 창을 내고 싶다.

(2013. 5.)

황금의 빛과 그늘

밤사이 소리 없이 눈이 많이 내렸다. 예술의전당에 가는 날이라 눈길이 염려되었다. 다행히 제설이 잘되어 목적지에 무사히 도착했다. 예술의전당에 들어서니 여러 가지 전시를 안내하고 있었다. 그중에서도 내 눈을 사로잡는 전시는 '스키타이 황금문명전'이었다. 처음 보는 '스키타이'라는 말이 무언가 새로운 문명을 만날 것 같은 기대감을 불러일으켰다.

우리는 예약된 '김생 탄생 1,300주년 특별전시실'로 들어갔다. 한국 서예의 전형을 만든 김생은 8세기 통일신라 사람이다. ≪동국이상국집≫에서 이규보는 중국 왕희지와 쌍벽을 이루는 김생을 신품제일神品第一이라고 극찬하였다. 송나라까지 감탄케 했다는 김생의 서체를 유심히 살펴보았다. 서예에 조예가 없는 내가 봐도 글자와 글자 사이를 물 흐르듯 연결하여 쓴 글씨는 살아 움직이는 것 같았다. 일필휘지가 어떤 것인지 어렴풋이 느낌이 와 닿았다. 전시실을 한 바퀴 돌고도 1시간이나 남았다. 여유시간에 관심을 끌었던 '스키타이 황금문명'을 관람하려고 지인들과 전시실로 향했다.

입구에 들어서자 이름에 걸맞게 황금유물이 반짝이며 우리를 기다리고 있었다. '스키타이'는 현재 '우크라이나'로서 그 나라 국립박물관유물을 대거 이동시켜 전시하고 있었다. 그곳에 가지 않는 한 접하기 어려운 문명과의 만남이었다. 가장 먼저 눈에 띄는 황금유물은 '고리투스'라는 화살 통이었다. 기원전 4세기에 황금으로 만들어진 화살 덮개에는 그리스 신화의 아킬레스 일대기가 조각되어 있었다. 그들이 그리스 신화를 조각한 것으로 보아 그 시절 두 나라는 이미 교역이 이루어지고 있었나 보다. 멀리서 보아도 빛나는 귀족들의 '가슴 장식' 역시 황금으로 만들어졌다. 석 줄로 연결고리를 만들어 장식했는데, 그들의 생활이 세밀하게 묘사되어 있었다. '그리핀'이라는 장식품은 새의 머리와 날개를 단 사자 형상으로 '신의 사신'이라고 하는데 생경했다. 기원전의 금 세공품들이 지금보다 오히려 정교하고 아름답게 보였다.

기마민족인 스키타이 사람들은 이동하면서 깨지지 않게 하려고 그릇들도 대부분 동으로 만들고 고리도 달았다. 도장도 잃어버리지 않게 하려고 인장 반지로 만들어 끼고 다닌 것은 그들만의 지혜였다. 이제껏 여행하며 유물들을 많이 보았지만 스키타이 문명처럼 독특한 유물은 처음이었다.

세계 사대 문명과 더불어 스키타이를 5대문물이라고 할 만큼 발달한 문화라고 한다. 스키타이인은 BC 7세기경 중앙아시아 훈족이 흑해 연안인 지금의 터키 이스탄불의 북쪽 지방으로 이주했던 유목민족이다. 오백 년 이상 강력한 제국을 형성했던 스키타이는 흥망성쇠를 거듭하다가, 현재는 구소련에서 '우크라이나'로 독립이 된 나라다.

스키타이 고대역사는 그들의 영토를 방문했던 기원전 5세기 그리스역사가 헤로도투스의 기록에 근거하고 있다. 스키타이인은 유라시아 초원에서 역사상 최초로 말타기를 터득한 기마민족이다. 그들은 말과 수레로 빠르게 이동하여 흑해 연안에서 시베리아까지 광활한 대초원을 신호등 없는 고속도로처럼 달렸다. 그들은 농경민족보다 훨씬 빨리 넓은 지역으로 서로 다른 문명을 전파하였다. 또한, 각 나라의 문명을 융합하여 새로운 문화를 창조했으니 세계 5대 문명이라고 해도 손색이 없다.

기원전 스키타이 황금장식품에는 그리스 미술과 페르시아 미술의 영향이 절묘하게 혼합되어 나타난다. 머리가 붉고 키가 큰 스키타이인의 의상 역시 페르시아와 그리스 옷을 혼합한 유물로서 그들이 동서 문물을 융합하여 창조하는 우수한 민족임을 알 수 있었다. 그들이 끝없는 초원을 빠르게 이동할 수 있었던 이유는, 우랄산맥이 낮은 산지였기에 말을 타고도 거침없이 넘을 수 있었다고 한다. 그 후예들도 말을 타고 끊임없이 유라시아를 넘나들었으리라. 8세기경에는 대를 이어 전해오던 스키타이의 황금 조각 예술이 머나먼 신라까지 전해져 금관이 만들어졌다고 한다. 그들의 장식품에 쓰던 사슴뿔 모양이 신라 금관에 새겨져 있다니 놀라운 문명의 이동이다. 세기를 넘어 동서를 이은 황금문명의 전파력이다. 우리에게 생소한 스키타이 문명이 고대 신라 금관 예술과 한 뿌리가 닿아 있음을 보여주는 연결고리다.

그동안 유목민족 문화는 공산권이기에 금단의 역사였다. 그 결과 우리는 최근 이백여 년간 세계를 이끌었던 서유럽 중심의 역사관과 의식을 지니게 됐다. 스키타이 황금문명은 우리의 왜곡된 역사의식을 한 번쯤 되돌아보는 소중한 기회가 된 것 같다.

우크라이나의 뜻은 '접경의 끝'이라고 한다. 어찌 보면 우리나라와 비슷한 나라다. 우리도 중국과 러시아가 끝나는 접경의 끝에 있는 나라가 아닌가. 그 옛날 서쪽 접경의 끝 흑해 연안에서 동쪽 접경의 끝인 신라까지 영향을 미친 신출귀몰한 스키타이인이 영화처럼 말갈기를 휘날리며 다가오는 모습이 떠오른다. 그들이 말을 타고 빠른 속도로 동서를 넘나들며 새로운 문명을 만들고 전파하였기에 그토록 발달된 황금문명을 지니지 않았을까?

찬란하게 빛나는 황금유물을 보며 사람들이 동서고금을 막론하고 왜 그토록 금을 좋아했는지 알 것 같다. 황금유물은 녹슨 것

하나 없이 원형 그대로 정교한 조각을 아로새긴 채 휘황찬란하게 반짝이고 있었다. 긴 세월이 흘러도 변치 않고 반짝이는 누런 금빛! 무엇을 조각해도 잘 새겨지는 부드러움, 세공 뒤에는 그대로 남아 있는 견고성, 오죽하면 금을 세공하는 기술을 연금술이라고 했을까? 그만큼 금은 마술처럼 인간의 마음을 움직인다. 얼마나 황금의 유혹이 강했으면 고려 말 최영 장군은 '황금 보기를 돌같이 하라.'는 가훈을 내걸고 황금의 마력을 물리치려 했을까.

황금은 인간의 문명을 발달시키기도 하였지만, 경제적 가치가 높아서 사람을 욕망의 화신으로 만들어 전쟁과 폭력, 파멸로까지 이르게 하기도 하였다. 스키타이도 찬란한 황금문명을 이루기 위해 수많은 나라를 침략하였다. 그들의 재산을 빼앗고 목을 베어 머릿수만큼 상으로 황금을 받았다고 한다. 황금에 눈이 멀어 수많은 나라를 짓밟은 스키타이는 결국 새로운 강대국 사르마트아에게 멸망하는 운명을 맞이할 수밖에 없었으리라. 그 찬란한 황금문명 뒤에는 슬픈 어둠의 그림자가 함께하는 것 같아 뒷맛이 씁쓰레하였다.

황금을 빛나게 만드는 것도 사람이요, 욕망의 악마로 변하게 하는 것도 인간이다. 황금이 반짝이는 이유는 빛으로 세상을 환하게 하라는 것이리라. 황금을 빛으로 사용하여 인류문명을 발전시키는데 쓰였으면 싶다.

(2012. 2.)

우물가 이야기

어렸을 적 우리 동네엔 늙은 소나무가 많았다. 구부러지고 휘어진 소나무는 우리들의 놀이터였다. 여름이 되면 등 굽은 소나무를 차지하려고 아침 일찍부터 아이들은 그곳을 찾았다. 나무 등걸에 올라타고 앉아 기차놀이도 하고 미끄럼을 타기도 했다. 끈을 매달아 그네를 타다가 맴맴 매미 소리에 스르르 잠이 들기도 하였다.

동네에서 놀다가 무언가 먹고 싶으면 개구멍을 통해 학교로 갔다. 벽오동나무에 올라가 남자아이들이 열매를 따주면 떨떠름하면서도 고소한 맛에 자꾸 먹었다. 벚꽃이 지고 버찌 열매가 까맣게 익으면 달콤한 맛에 이끌려 한없이 먹다가 입가를 퍼렇게 물들이기도 했다. 어쩌다 소사 아저씨한테 들키면 '걸음아, 나 살려라.' 줄행랑을 쳤다. 먹을 것이 귀한 때라 우리들의 입을 즐겁게 할 심심풀이 먹을거리는 자연에서 찾았다. 길가 풀숲에서 '단밥'을 뽑아 깨물면 단맛이 났다. 그래서 단밥이라고 했을 것이다. 수영 풀을 뜯어 입에 넣으면 신맛에 진저리를 치면서도 상큼한 맛이 좋았다.

그러나 뭐니 뭐니 해도 그 시절 우리들의 입맛을 사로잡은 것은 우리 동네 공동 우물가에서 담그는 김치였다. 돌로 된 움푹 파인 넓적한 확독에다 고추와 마늘, 밥 한 술을 넣고 둥그런 돌멩이로 갈아서 얼갈이김치를 담갔다. 그러면 동네 어른, 아이 할 것 없이 확독가에 빙 둘러서서 맛을 보았다. 그 맛이란 말로 표현할 수 없을 만큼 감칠맛이 났다. 가닥지로 담근 김치를 연거푸 먹고는 입안이 얼얼해서 찬물을 벌컥벌컥 들이키면서도 맛난 김치를 입에서 뗄 수가 없었다. 어찌 그리 맛이 있던지. 그 시절 확독가에서 먹은 김치 맛은 어디서도 찾아볼 수 없었다. 거의 매일 동네 사람들이 돌아가면서 김치를 담갔기 때문에 저녁 무렵 확독가에 가면 누구라도 김치는 맛보기로 먹을 수 있었다.

그 시절엔 사는 것이 모두 고만고만해서 사소한 것도 서로 나누어 먹는 인정 어린 시절이었다. 하지만 김치 담그는 순간을 놓치면 먹을 수 없었다. 요행히 우리 집은 우물 바로 옆에 있어서 감칠맛 나는 김치를 자주 맛볼 수 있어 좋았다. 한마디로 순간포착을 잘할 수 있는 명당자리였다.

우물가는 동네 소문이 동영상으로 돌아가는 곳이기도 하였다.

기화네는 요즘 돈을 잘 벌어 참외를 물에 띄워 놓고 매일 먹는다더라, 서경이네 언니는 화장하고 부산에서 왔는데 돈을 많이 벌어 왔다더라. 그러면 우리는 우르르 서경이네 집으로 몰려가 판자 틈으로 그 언니 얼굴을 훔쳐보았다. 화장한 여자가 별로 없던 그 시절엔 멋을 낸 여자는 구경거리였다. 지금 돌이켜보면 어이가 없어 피식 웃음이 난다. 아무튼 우물가에 가면 맛있는 김치도 먹고 새로운 이야기도 듣기 때문에 물 뜨러 오는 사람 말고도 사람들이 수시로 모여들었다. 며칠에 한 번씩 애꾸눈 엿장수가 가위질을 하며 "고무신이나 놋수저로 엿 바꿔 어~." 외치며 우물가에 나타나면 온 동네 아이들이 모여들었다. 그때 엿은 유일하게 돈 없이도 사 먹을 수 있는 간식이었기 때문이다. 아이들 손에 손에는 떨어진 고무신이나 빈 병이 들려 있었다. 그중에서도 놋수저를 가져오면 긴 엿을 통째로 주었다. 달달한 유혹에 끌려 엿장수가 올 때마다 나는 집안의 놋수저를 하나둘 가져다 엿을 바꿔먹었다. 엿을 다 먹을 때까지 입에서 살살 녹는 달콤한 그 순간은 너무나 행복했다. '꼬리가 길면 밟힌다.'는 속담처럼 드디어 어머니에게 들통이 났다. 빗자루로 두들겨 맞고서야 정신을 차려 남은 놋수저로 겨우 밥은 먹을 수 있었다.

여름밤이면 우물가 공터에 동네 사람들이 모였다. 공동 우물가는 사방이 트여서 동네 어느 곳보다 시원한 바람이 불어 더위를 식히며 이야기를 나누기에 좋은 장소였다. 그 시절엔 울타리가 없는 집이 많았다. 울타리가 없어서인지 마음도 터놓고 스스럼없이 얘기하며 이웃사촌처럼 지냈다. 백열네 할머니가 들려주시던 공동묘지의 도깨비불 귀신이야기는 언제 들어도 등줄기가 오싹하도록 무서웠다. 밤이 이슥해지면 나는 펼쳐진 가마니에 누워서 밤하늘에 반짝이는 별을 헤다, 동네 사람들 이야기를 자장가로 들으며 까무룩하니 잠이 들기도 하였다.

그런데 언제부터인지 하나둘 집집마다 울타리를 치며 우리의 놀이터는 사라져갔다. 우리가 놀던 늙은 소나무가 있던 측후소에도 담장이 생기고, 학교 개구멍도 없어지면서 아이들의 재미난 놀이도 점점 사라져갔다. 수돗물이 들어오면서 공동우물도 자취를 감췄다.

서로 속말을 나누고 동네 사람들을 정으로 이어주던 사랑방 같았던 노송동 우물가! 내 것 네 것 가리지 않고 함께 나눠 먹었던 맛있는 김치도 이제는 맛볼 수 없다. 우리를 편하게 해주는 물질문명에 밀려 사라져간 우리 동네 우물가 정경이 아련한 서정시로 남아 있다.

(2012. 2.)

마음을 여는 웃음

웃음이라는 말만 들어도 입가에 미소가 번진다. 나는 어려서부터 웃기를 좋아했다. 누가 조금만 재미난 소리를 해도 까르르 웃어댔다. 왠지 웃으면 기분이 좋았다. 여럿이 한참 웃다 보면 가슴이 뚫리고 뱃속까지 시원해졌다. 다 같이 웃는 그 순간이 정말 좋았다. 웃을 때 즐거워하는 모습을 보며 나는 사람들을 웃음으로 기쁘게 해주고 싶었다.

사람은 웃으면 왜 기분이 좋아질까? 이론적으로는 엔돌핀, 세로토닌 등의 호르몬이 뇌에서 분비되어 기분을 좋게 한다고 한다. 이런 과학적인 사실 말고도 사람들이 웃으면 마음이 편안해지고 유쾌하기 때문이다. 이렇게 사람을 기쁘게 하는 웃음은 언제 터져 나올까? 어떤 이야기에 서로 공감하고 마음이 열릴 때 긴장감이 해소되며 웃음이 나온다. 또한, 반전이나 의외성이 있으면 웃음이 터진다. 사람들은 다람쥐 쳇바퀴 도는 일상에서 일에 쫓기고 경쟁하며 살다 보니, 스트레스를 받을 수밖에 없다. 몸과 마음이 지쳐 있을 때 웃음은 한 잔의 청량제다. 폭소는 허파에 새로운 공기를 채워넣고 내장을 흔들어 눈물이 나올 정도로 사람을 무아지경에 이르게 할 수도 있다. 그래서 웃다 보면 사소한 스트레스는 사라지고 저절로 기분이 좋아진다.

누구나 웃으며 즐겁게 살고 싶어한다. 그러나 우리의 삶이 자주 웃음이 나오는 생활이 아니다. 일상에 얽매여 사느라 웃을 수 있는 마음의 여유가 없이 사는 사람이 많다. 또한, 경직된 생활 습관에 젖은 사람이거나 냉소적인 이는 유머를 들어도 잘 웃지 않는다. 반면에 마음이 열린 사람은 조금 엉뚱한 말만 들어도 잘 웃는다. 그러면 웃을 수 있는 마음의 여유는 어디서 나올까?

사람은 근본적으로 웃으며 행복하게 살고 싶은 본능이 있다. 행복과 불행으로 나뉘는 사람들의 차이점은 무엇일까? 행복한 사람은 스스로 자신을 조정할 수 있는 긍정적인 사람이다. 즉 일상의 사소한 걱정을 버리고 웃음으로 탈바꿈할 수 있는 긍정의 힘을 가진 사람이다. 사람은 하루에 4만 가지 이상을 생각한다고 한다. 그 중에서 대부분은 쓸데없는 근심이나 부정적인 생각이라고 한다. 미네소타대학 라캔 교수의 연구에 의하면 행복의 절반이 후천적이란다. 재산, 가족, 일 등이 10%의 영향을 주고, 나머지 40%는 생각, 말, 행동 등에 의해 결정된다고 했다. 무심코 내뱉는 부정적인 말이 자신도 모르게 운명을 불행으로 몰고 간다. 그러므로 부정적인 생각을 버리고 긍정적인 사고로 전환할 때, 마음에 여유가 생겨 얼굴 가득 웃음꽃이 피는 행복한 사람이 되리라.

나이 40세 이후의 얼굴은 그 사람이 살아온 대로 나타난다고 한다. 웃는 인상이거나 인자한 모습은 행복한 사람일 것이다. 찌들어진 얼굴, 험악한 모습이라면 힘겨운 삶을 살아 온 사람이리라. 웃는 모습과 친절한 말씨는 다른 사람도 덩달아 기분이 좋아지게 한다. 반면에 험악한 인상과 거친 말은 주변 사람들까지도 언짢게 한다. 사람을 기분 좋게 하는 웃음은 행복 나눔이다. 사람들에게 즐거운 웃음을 전해주고 싶어서 몇 년 전에 웃음치료사 자격증을 땄다. 그리하여 지금은 대중 앞에서 가끔 웃음강의를 한다. 내가 강의를 할 때 사람들이 웃음을 터트리며 즐거워하는 모습을 보면 보람을 느낀다. 청중과 내가 한마음으로 한바탕 웃고 나면 왠지 사람들의 근심을 씻어주고 기쁨을 선사하는 웃음천사가 된 것 같다.

인도의 성자 간디는 '웃음은 가장 값싸고 효과 있는 만병통치약이다.'라고 말했다. 실제로 우울증 치료제로 가장 잘 듣는 약은 유머라고 한다. 웃을 때 나오는 세로토닌이 사람의 마음을 편안하게 해주기 때문이란다. 이처럼 웃음은 돈이 들지 않으면서 사람을 기분 좋게 하는 명약이다. 웃으면 엔돌핀 외에 NK세포가 나와서 바이러스를 잡아먹고 암세포를 공격한다. 또한, 뇌 속의 죽어 있는 유전자를 활성화해 면역물질을 만들어 병을 예방하니 웃음은 모든 병에 특효약일 수밖에.

얼마 전에 서점에 들르니 ≪웃음≫이라는 책이 눈에 띄었다. 프랑스작가 베르나르 베르베르 작품이다. 열두 살 때부터 ≪개미≫를 쓰기 시작한 천재 작가가 쓴 글이다. 나는 그의 스릴 넘치고 과학적 지식이 풍부한 글을 좋아한다. 웃음이라는 단어는 내가 좋아하는 말이라 주저 없이 책을 샀다. 이야기는 유명한 코미디언의 의문사를 취재하던 두 기자가, 유머를 둘러싼 미스터리를 파헤치며 웃음의 판도라 상자를 찾는 여정을 흥미진진하게 전개해나간다. ≪웃음≫ 책 말미에서 말하길, 원시 시대는 힘센 자가 제일이고 농경 사회는 토지 많은 자가 강자였다. 중세는 교회가 권력이고 산업사회는 자본가가 강자였다. 그다음은 금융가에게 권력이 갔다. 요즈음 떠오르는 강자는 대중을 웃기는 사람이라고 작가 베르나르는 서술하고 있다.

현대인의 스트레스를 잊게 하거나 지루한 일상을 탈피하여 기분을 유쾌하게 해주는 능력. 즉 사람들을 웃게 하는 일은 오늘날 가장 위대한 힘이라고 해도 과언이 아니다. 웃음은 민중을 억누르는 힘이 아니라, 사람들을 기분 좋게 하는 치유제다. 정치인들, 경제인들, 학자들까지 강연할 때 먼저 우스갯소리로 말문을 열어야 청중의 호감을 얻는 명강사가 된다. 웃음은 사람들의 가슴을 열게 하여 한순간에 모두가 즐거워하니 마술과도 같다. 서먹하던 사이도 웃음을 함께하는 순간엔 자연스럽게 가까워진다. 또한, 억지로라도 웃으면 정말인 줄 알고 뇌는 엔돌핀을 내보내 우리를 기분 좋게 한다. 사소한 일에도 자주 웃다 보면, 저절로 내면에서 기쁨이 흘러나와 일상이 즐거워지지 않을까.

인간은 오랜 세월 동안 수없이 강자에 억눌리고 생존경쟁을 하며 살다 보니 지쳐서, 오늘날은 누군가에 위로받고 싶은 힐링이 필요한 시대다. 웃음은 마음 치유제다. 내가 웃음강의를 할 때 무표정한 강연장의 대중들이 번득이는 유머 한 마디로 웃음바다가 되는 것은 실로 놀라운 일이다. 사람들의 닫힌 마음을 열어 기쁨으로 춤추게 하니 웃음은 대단한 마력이 아닐 수가 없다. 아무리 삶이 고달파도 웃는 순간만은 현실을 초월하여 행복해지므로 모두 웃음을 좋아하나 보다.

사는 동안 나는 사람들과 웃음을 나누고 싶다. 잠깐이라도 힘든 이들의 그늘진 마음에 활기를 주는 웃음 바이러스가 되었으면 한다.

(2013. 5.)

빗치개

얼마 전 답삿길에 안성맞춤 박물관에 들러 유기로 만든 물건을 둘러보았다. 유기그릇은 구리와 주석을 섞은 놋쇠로 만든다. 다른 물건들과 달리 황금색 유기그릇은 주위를 반짝거리며 환하게 밝히고 있었다. 그 옛날 놋그릇에 밥 먹던 시절을 떠올리며 추억에 젖어 있던 나는 어느 도구에 눈길이 멎었다. 물속에 잠겨 있다가 파도에 밀려온 해초처럼, 기억 저편에 묻혀 있던 앙증맞은 장신구를 보니 가슴에 아련한 그리움이 번져갔다.

내 시선을 붙잡은 물건은 빗치개였다. 조선시대 여인처럼 낭자머리를 한 어머니께서 항상 쓰던 장신구였다. 빗치개는 옛날에 여인들이 머리에 가르마를 탈 때 쓰던 도구다. 어머니께서 가까이 두고 언제나 사용하던 빗치개를 박물관에서 보니 유기로 만든 도구가 새삼스럽게 친근하게 다가왔다. 안성에서는 조선시대부터 손으로 두드려 만드는 방짜유기를 주문받아 만들었는데, 품질이 좋고 모양이 아름다워 양반들의 마음에 쏙 들어서 '안성맞춤'이라는 말이 생겨났다고 한다. 그 말에 걸맞게 안성의 장인들은 놋쇠로 반상기, 제기, 악기 등을 만들었는데 여러 가지 모양과 무늬를 새긴 솜씨가 빼어났다. 어머니가 쓰던 빗치개도 다양한 문양을 뽐내며 반짝거리고 있었다.

집으로 돌아온 나는 어머니 유품이 들어 있는 상자를 열어 보았다. 박물관에서 보았던 빗치개가 참빗, 은비녀와 함께 들어 있었다. 빗치개는 유기로 만든 장신구로 한 끝은 둥글고 얇고 다른 한 끝은 가늘고 뾰족하다. 나비처럼 둥근 모양 쪽에는 태극문양이 새겨져 있고 가는 쪽에는 작은 점들이 깜찍하게 찍혀 있었다. 어머니 생전에는 건성으로 보던 빗치개가 이제는 무늬까지 생생하게 가슴속에 새겨지는 까닭은 무엇일까. 오랜 세월 손때 묻은 사물에서 어머니의 숨결이 느껴졌다.

어린 시절 어머니는 나를 앞에 앉혀 놓고 빗치개의 둥근 부분을 손으로 잡고 뾰족한 쪽으로 가르마를 탄 후 머리를 빗질하고, 얼굴 양옆으로 잔 머리카락을 잡아 귀영머리를 땋은 뒤, 머리 전체를 한데 모아 한 갈래로 땋아 댕기로 치장해주셨다. 명절 때는 머리 단장 뒤 한복을 입고 좋아서 골목을 뛰어다니면 빨강 댕기도 나풀나풀

나비가 되어 나를 따라 날았다. 긴 머리는 손질하기 힘들었으련만, 어머니는 막내딸을 곱게 꾸미고 싶어 머리단장에 공을 들이셨다. 내 머리 땋기는 중학교에 들어가 단발머리가 될 때까지 이어졌다. 어머니의 손길이 수도 없이 닿은 빗치개의 둥근 쪽 부분은 태극문양이 닳아서 희미해졌다. 긴 세월 날마다 손으로 잡고 가르마를 탔으니 얇아질 수밖에.

어머니의 하루는 당신의 머리 손질로 시작되었다. 대나무로 만든 촘촘한 참빗으로 헝클어진 삶의 실타래를 풀듯 어머니는 빗질을 하셨다. 거울 앞에서 빗치개로 이마 한가운데를 곧게 나누어 삼단 같은 머리를 양옆으로 나눈 뒤 동백기름을 바르고, 긴 머리를 땋아 돌돌 말아서 비녀를 꽂으면 어머니 머리단장은 끝났다. 어머니의 갸름한 얼굴은 쪽 진 머리와 잘 어울렸다. 빗치개로 반듯하게 가르마를 타며 어머니는 무슨 생각을 하셨을까? 당신이 가는 길도 가르마처럼 곧고 당당하게 가리라 다짐하셨으리라. 빗치개로 솔밭 사이로 난 오솔길처럼 가르마를 타던 어머니는 간데없고, 당신의 손길이 묻어 있는 빗치개만이 푸르스름한 빛으로 옛이야기를 전하고 있다. 빗치개의 검푸른 얼룩이 당신의 고단한 생을 말해주는 듯했다.

어머니는 쪽 진 머리를 일평생 하고 다니셨다. 편리함을 추구하는 요즘 세상에 여인들의 낭자머리는 미장원에서 그 옛날에 잘려나가고, 거의 파마머리나 커트 머리로 탈바꿈한 지 오래다. 어머니의 쪽 진 머리에 유혹의 소리가 끊이지 않았다. 먼저 파마를 한 동네 아줌마들이 머리를 자르면 시원하고 얼마나 편한지 누누이 말해도, 어머니는 독야청청 소나무처럼 변함없이 쪽 진 머리를 고수하셨다. 부모가 주신 머리카락을 죽을 때까지 소중히 해야 한다는 유교적 신념이라기보다는 평소에 하던 습관이 편하고 당신의 머리 모양이 좋아서였을 게다. 어머니께서는 연세가 들어 머리카락이 희어지고 빠져서 엉성해졌을 때도 머리끝에 검은 댕기를 감아서 쪽 진 머리를 하셨다. 어머니의 낭자머리는 당신의 유일한 자존심이자 멋이었다.

어머니의 얼룩이 묻어나는 빗치개를 공들여 닦아 보았다. 얼룩을 닦아낸 빗치개는 금빛으로 빛났다. 반짝이는 빗치개 속에서 어머니가 환하게 미소 짓는다. 한복에 단아한 쪽 진 머리를 한 어머니가 아름답게 반짝이고 있었다. 이제는 돌아올 길 없는 어머니를 그리며 손때 묻은 빗치개를 손에 꼭 쥐어 본다.

(2012. 11.)

카리브 해의 진주

바람에 흔들리는 야자수, 끝없이 펼쳐지는 대서양의 푸른 바다. 햇빛에 꿈틀거리는 물비늘은 한 마리 커다란 고래가 수면으로 떠올라 꿈꾸며 졸고 있는지도 모른다. 방파제 옆을 지날 때는 이따금 파도가 도로까지 밀려와 물보라를 뿌렸다.

멕시코 칸쿤에서 칠흑 같은 어둠을 뚫고 두 시간 만에 쿠바의 수도 아바나에 도착했다. 쿠바는 중남미의 대서양과 카리브 해에 접하고 있어서 '카리브 해의 진주'라고도 불린다. 그 말에 걸맞게 파란 하늘 아래 코발트 빛으로 일렁이는 바다는 고갱의 〈타히티 여인〉이 연상되는 생동감 넘치는 풍경이었다. 쿠바에 처음 상륙한 콜럼버스는 이곳을 지구 상에서 가장 아름다운 땅이라고 칭송했다고 한다.

쿠바에 매료되어 이곳에 20여 년을 살았다는 헤밍웨이 박물관을 찾았다. 미국 작가 헤밍웨이는 세계 대전에 직접 참전한 때문인지 전쟁과 야생의 삶을 주제로 소설을 썼다. 아바나 시의 불빛이 내다보이는 집에서 ≪누구를 위하여 종은 울리나?≫ 와 ≪노인과 바다≫를 집필하였다. 그중 ≪노인과 바다≫는 노벨문학상을 받아 그를 이십 세기 대문호로 빛나게 했다.

헤밍웨이 저택은 정원이 공원처럼 넓었다. 우람한 나무들이 우거진 싱그러운 산책길, 아름다운 열대 꽃들이 어우러진 아늑한 분위기는 그가 작품을 구상하는 공간으로는 그만이었으리라. 그가 살던 저택은 현재는 헤밍웨이 박물관이 되어 사람들의 발길이 끊이지 않았다. 생전에 그의 서재에는 책, 즐겨 쓰던 낚시 도구들, 사냥한 표범 가죽 등이 유품들로 전시되어 있었다. 헤밍웨이 흔적을 찾아 인근 마을에 있는 '라 데레자 레스토랑'으로 갔다. 이곳은 실제로 ≪노인과 바다≫의 주인공인 어부가 살았던 곳이라고 한다. 그는 어부들과 술을 나누며 정담을 나누기도 하고 어울려 낚시를 즐겼다고 했다. 서정적인 어촌 풍경은 글이 생생하게 살아날 듯하였다. 헤밍웨이가 왜 쿠바에 살게 되었는지 알 것 같았다.

바닷가를 지나 아바나의 중심가인 아르마스 광장으로 갔다. 유럽풍의 고풍스러운 건물이 즐비하여 중세로 시간여행을 온 듯하였다. 우리를 안내하는 흑인 아저씨는 한국말을 제법 잘하였다. 한국

말로 자기는 김씨인데 북한 김일성대학에서 공부하였다고 했다. 쿠바는 우리나라 가이드가 없어서 수입이 좋다며 흰 이를 드러내며 순박하게 웃었다. 그는 장소를 옮길 때마다

"여러분, 지금부터 혁명광장으로 이동하시겠습니다."

라고 어눌한 발음으로 외쳐서 일행들의 폭소를 자아내게 했다. 시내를 걸어가는데 영화 속에서나 봄 직한 구형 차들이 거리를 달리고 있었다. 쿠바가 사회주의가 된 후로 미국이 교역을 중단하자, 자동차 생산 능력이 없는 쿠바는 오래된 미국산 대형차들을 타고 다닐 수밖에 없다고 했다. 차들은 거의 고물에 가까웠다. 그나마도 애지중지 고쳐가며 타고 다닌다고 하니, 절약을 미덕으로 알고 재활용의 경지를 달리고 있는 쿠바인을 세계인들은 본받아야 하지 않을까.

박물관에나 있을 법한 차들을 구경하다 보니 혁명광장에 도착하였다. 내무성 외벽에는 커다란 얼굴 조형물이 걸려 있었다. 쿠바 국민 최고의 영웅 '체 게바라'라고 했다. 아르헨티나 출생의 '체 게바라'는 25세에 의과 대학을 졸업하고 의사가 되었다. 그는 대학생일 때 중남미를 두루 여행하면서 기업에 의해 착취당하는 서민의 비참한 삶을 직접 목격하였다. 아픈 사람들을 치료하는 것보다 더 중요한 일이 소외된 계층을 치유하는 것이라는 깨달음을 얻었다. 그리하여 중남미와 세계의 억압받는 민중에 대한 휴머니즘으로 편안한 의사의 길을 버리고 혁명가의 길을 택했다.

'체 게바라'는 멕시코로 여행 중에 그곳에 망명한 카스트로와 손잡고 1959년 혁명에 성공해 쿠바를 공산주의 국가로 만드는 데 큰 역할을 하였다. 그는 혁명공로자로 산업부 장관까지 역임하였다. 그는 권력에 안주하지 않고 다시 아프리카 콩고와 남미의 볼리비아로 가서 비참한 민중을 위해 투쟁하였다. '체 게바라'는 권력에는 무관심한 금세기 최고의 이상주의자인 동시에 유토피아를 실현하려는 행동가였다. 그는 보다 나은 민중의 삶을 위해 싸우다가 1967년 볼리비아 정부군에 잡혀 39세에 총살당했다.

사르트르는 가난한 사람, 짓밟힌 사람들을 위해 짧은 일생을 불꽃같이 살다간 그를 '그 시대의 가장 완전한 인간' 이라고 평가했다고 한다. 그는 가난하고 불행한 사람들을 돕는 것이 인생의 목적이었다. 이러한 그의 이상주의적 가치관과 열정이 사회주의라는 이념을 넘어서 세계인에게 추앙받는 이유다. 그의 인간애와 자유, 열정을 담아 펴낸 그의 일생 ≪체 게바라 평전≫책은 세계적인 베스트셀러로 이상을 꿈꾸는 젊은이들이 흠모하여 읽는 책이라고 한다.

'단 한 사람의 생명은 지구 상에서 가장 부자의 재산보다 백만 배의 가치가 있다.'는 '체 게바라'의 정신을 이어받은 쿠바 의사들의 민중에 대한 의료봉사정신은 세계에서 일등이란다. 대부분 명예와 부를 좇는 우리나라 의사들과는 아주 대조적이다. 쿠바 의사들은 건강보급을 인류에 대한 사명감으로 알고 박봉에도 평생을 봉사하며 산다고 했다. 그런 의사들의 헌신으로 쿠바는 모든 국민이 의료

혜택을 똑같이 받는다고 한다.

쿠바에 대하여 별로 아는 게 없었는데, 중남미 여행을 통해 그 나라에 대해 다소나마 알게 되었다. 쿠바는 세상에서 고립된 공산주의 나라로 국민소득은 낮았다. 그들의 생활은 궁핍하지만, 거리를 다니는 사람들은 웃는 얼굴로 활기가 넘쳤다. 그들은 춤과 노래로 자신들의 슬픔을 달래려고 라틴댄스인 차차차, 룸바를 만들어서 즐겼다고 했다. 그들은 낙천적인 성격으로 쿠바의 행복지수는 높다고 했다. 가난한 삶 속에서도 서로의 애환을 어루만지며 배려하고 욕심 없이 살다 보니 현실에 만족하여 행복한가 보다.

사람은 누구나 새로운 것에 대하여 동경을 하게 된다. 그래서 여행을 하고 도전한다. '체 게바라'는 자신이 중남미 여행을 통해 깨달은 휴머니즘을 온몸으로 행동하여 이상을 현실로 바꾸려 했다. 한 사람의 생각이 세상을 변화시킬 수 있다는 사실을 새삼 느꼈다. 한 인간의 인류애가 '카리브 해의 진주'가 되어 대서양 연안을 푸르게 물들였다.

생명의 빗줄기

빗방울이 창문을 후두둑 두드리는 소리에 잠에서 깼다. 오랜 가을 가뭄 뒤에 오는 빗소리가 반가워 창문을 열었다. 빗소리가 쏴아 소리치며 방안 가득 들어온다. 창밖을 바라보니 나무들은 빗방울이 반가워 이파리를 흔들고 있다. 오랜만에 임을 만난 듯 두 손 펼쳐 비를 안아주고 있다. 물방울을 안은 잎사귀들은 바람에 살랑살랑 춤추고 있다. 풀잎에 떨어지는 빗방울 소리에 가만히 귀 기울여 본다. 재잘거리는 아이들 이야기처럼 들린다. 또르르 빗방울이 국화 잎에 떨어지자 송알송알 속삭인다.

"빗방울아! 어서 와. 얼마나 오랫동안 애태우며 너를 기다렸는지 몰라. 목이 타서 꽃도 못 피우고 죽는 줄 알았어."

"나도 너에게 오려고 먼 길을 맨발로 달려왔단다."
빗방울이 신나게 통통 굴렀다. 동백나무가 바람에 나뭇잎을 반짝거리며 말했다.

"얘들아, 나를 좀 봐! 빗물이 뿌연 먼지를 사르르 씻어내 반짝반짝 빛나는 잎사귀가 되었단다."
줄기차게 내리는 빗줄기에 웃음을 터뜨리며 정원은 한동안 수런거렸다. 철쭉 사이로 거미줄에 맺힌 은구슬은 나무들의 소리에 귀 기울이느라 초롱초롱 빛났다. 비 오는 날엔 정원의 나무들이 빗방울로 단장해서인지 말갛게 윤이 났다.

물방울을 머금어 촉촉한 나뭇잎들이 싱그러웠다. 반짝이는 이파리들 사이로 겉마른 잎이 떨어졌다. 떨어지는 잎을 보니 문득 호숫가에 우수수 떨어지던 나뭇잎이 생각났다. 어제 들렀던 포항에 있는 사찰 '오어사' 주변에는 단풍이 조금씩 물들기 시작하였다. 경내까지 가는 오솔길의 나무들은 오랜 가뭄으로 바람도 없는데 나뭇잎이 자꾸 떨어지고 있었다. 원효 대사와 혜공 스님이 산 물고기를 먹고 한 마리가 살아서 나오자, 서로 자기 뱃속에서 나왔다고 하는 전설을 지닌 오어사 앞 저수지도 거의 바닥을 드러내고 있었다. 비가 왔으면 알록달록 단풍으로 물들었으련만, 가뭄으로 가을을 예쁘게 그려보지도 못하고 땅으로 떨어지는 마른 잎이 안타까웠다. 호숫가에는 가을을 잃어버린 낙엽이 수북이 쌓여 있었다. 오늘 내리는 단비로 몸을 적신 나뭇잎들이 가을산을 아름답게 수놓았으면 한다.

얼마 전 TV에서 지구의 사막화를 막기 위해 노력하는 모습을 보았다. 우리에게 물이 얼마나 소중한지 일깨워 주는 방송이었다. 중국의 한 여인이 오랜 가뭄으로 인해 사막으로 변한 고향에 나무를 심기 위하여 모래땅을 파고 또 파며 물길을 찾았다. 수년간 포기하지 않고 샘물을 찾아 땀 흘린 결과 드디어 물줄기가 솟아올랐다. 그 샘물을 퍼 올려 곳곳에 나무를 심어 키웠다. 10여 년을 나무를 심고 가꾼 결과 모래사막이 푸른 숲으로 변하였다. 그러자 고향을 떠난 사람들도 다시 돌아와 다 함께 나무를 심어 여의도의 수십배 넓이가 숲이 되었단다. 지금은 숲이 우거진 고향에서 사람들은 농사를 지으며 잘살고 있다고 한다.

한 사람의 불굴의 의지로 메마른 사막을 숲이 우거진 생명의 터전으로 만들었다. 나무는 자연이고 생명이다. 나무를 심는 마음은 생명을 존중하는 마음이다.

만약 그 여인이 사막을 아무리 파헤쳐도 물줄기가 솟아나지 않았다면 어떻게 되었을까? 생명의 근원인 물이 나오지 않았다면 푸른 숲은 불가능했으리라. 아무리 사람이 노력한다 해도 물이 없다면 생명체는 살아갈 수 없다. 이토록 소중한 생명의 물이 지금 지구에서 점점 부족해지고 있다. 현재 물 부족으로 인해 육지의 1/3이 사막화가 되었다. 해마다 남한 절반 정도가 사막이 되어 간다고 한다. 지금처럼 사막화가 빨라진다면 먼 후일 우리가 사는 한반도도 모래땅이 되어 후손들이 정처 없이 초원을 찾아 떠날지도 모른다.

사막화가 빠르게 되어 가는 원인은 무엇일까? 여러 가지가 있겠지만 가장 큰 원인은 사람들이 화석원료를 편리한 생활을 위해 너무 많이 써서 생긴 대기오염으로 인한 온난화가 가장 큰 이유라고 한다. 지구가 점점 더워져 비가 적게 내리니 차츰 모래땅으로 변할 수밖에 없다고 한다. 사막화된 땅에서는 동식물이 살지 못한다. 자연히 우리 인간도 살 수 없으리라.

사막화를 막으려면 자연을 원래대로 돌려놓아야 한다. 그렇게 하려면 숲을 잘 가꿔야 한다. 더불어 생태계를 파괴하지 않아야, 대기의 순환이 잘 이루어져 대지를 촉촉이 적시는 비가 골고루 내리리라. 생명의 비가 충분히 내릴 때 지구는 녹색 숲으로 덮여 푸른 별이 되리라. 현재 조금 불편하더라도 화석연료를 자제하고 친환경 에너지로 점차 바꿔 자연환경을 더 이상 오염시키지 말아야겠다. 나 하나의 자연 사랑이 나아가 지구를 살리는 길이다. 나비효과처럼 한 사람의 친환경 생활화가 생태계를 되살려, 지구의 이상기후를 줄어들게 하여 사막화도 멈추게 하지 않을까 싶다.

'내일 지구의 종말이 올지라도 나는 오늘 한 그루의 사과나무를 심으리라.'는 스피노자 말은 지금처럼 지구가 사막화가 되는 것을 예견하고 한 말이 아닐까? 일찍이 자연주의 철학자 스피노자는 지구가 살 수 있는 길은 나무를 심는 것이라는 희망메시지를 우리에게 알려 주었다. 오늘 내가 심는 나무 한 그루는 수증기로 피어나 구름이 되어 생명을 살리는 빗줄기로 내려 세상을 푸르게 하리라.

(2011. 10.)

은빛 나래를 펴고

꽃잎이 흩날리는 비 오는 날에도 아랑곳하지 않고 나는 발걸음도 가볍게 기타를 메고 공원길을 걸어간다. 〈여행을 떠나요〉라는 노래가 저절로 흥얼흥얼 나온다.

훤한 대낮에 기타를 배우러 다닌다는 것은 일 년 전만해도 상상할 수 없었다. 아마도 이 시간이면 직장에서 눈코 뜰 새 없이 바쁘게 일할 때이다. 지난해 다니던 직장을 명예퇴직하였다. 또 다른 꿈을 위하여 현직을 과감히 떠났다. 사람은 꿈이 있을 때 행복하다고 한다. 프로스트의 가지 않은 길을 가보고 싶었다. 요즈음은 90세가 넘게 사는 사람이 많아졌다. 은퇴 후 그냥 세월만 보내기에는 남은 인생이 너무나 길지 않은가.

새로운 꿈을 위하여 몇 년 전부터 인생의 밑그림을 그려 보았다. 평소 유머를 좋아하던 나는 야간에 평생교육원에서 교육을 받고 웃음치료사 자격증을 받았다. 사람들에게 웃음강의를 하면 나도 웃고 남도 웃게 하여 기쁨을 나눌 수 있기 때문이다. 기회가 되면 봉사활동도 하려고 사이버대학을 통하여 사회복지사 자격증과 행정학사 학위도 받았다. 이제는 직장에 얽매이지 않으니 취미생활도 다양하게 하여 삶을 더 풍요롭게 하고 싶다. 인본주의 학자 '매슬로우'가 말하는 인간의 욕구 중 마지막 단계인 '자아실현'을 해보는 보는 것이다.

맨 먼저 평생교육원 수필 반에 들어갔다. 소녀 시절 막연히 꿈꾸던 글을 써보고 싶어서이다. 아직 습작 수준이지만 살아온 일을 진솔하게 수필로 쓰다 보니 나의 역사가 되살아나는 것 같아 매력적이었다. 호랑이는 죽어서 가죽을 남기고 사람은 죽어서 이름을 남긴다고 하지 않던가? 아무리 이야기를 잘하고 강의를 잘한다 할지라도 말은 허공 속으로 사라지고 만다. 그러나 글은 자신의 진실과 가치관을 새겨 마음을 수놓은 아름다운 영혼의 지문으로 오래도록 남으리라.

작년 설날 특집으로 방영된 〈놀러와〉 프로그램에서 세시봉 오빠들의 출현은 불현듯 나를 낭만의 시절인 대학교 잔디밭으로 달려가게 하였다. 그곳에서 낡은 기타를 들고 '웃음 짓는 커다란 두 눈동자~'하며 포크송을 부르던 그때가 그리워졌다. 그래서 지금 기타

교실에 발을 들여놓고 추억의 노래를 부르며 젊음을 길어 올리고 있다. 아침에 가끔 남편에게

"개미님, 잘 다녀오세요. 베짱이는 기타치고 놀다 올게요."

하고 장난스럽게 배웅하면 남편은

"아이고 부러워라. 개미는 언제나 베짱이처럼 놀아 보나요."

하며 개구쟁이 얼굴로 환하게 웃으며 출근한다. 내가 즐겁게 생활하니 남편도 덩달아 신이 나는 것 같다. 언젠가는 저만치서 누가 나를 보며 큰소리로 웃었다. 가까이 다가가니 사위였다.

"장모님, 기타를 매니 대학생인 줄 알았어요. 가까이 뵈니 어머님이네요."

하며 얼굴 가득 함박웃음을 지었다. 모자 쓰고 조끼를 걸치고 기타를 맨 내 모습이 대학생처럼 보였나 보다. 책임에서 벗어나 하고픈 일을 하니 몸과 마음이 저절로 젊어지는지도 모른다. 지난해 겨울에 주민발표회를 할 때, 기타 반 회원들과 공연하여 앵콜까지 받았다. 항상 객석에서 구경만 하다 무대에서 기타연주를 해보니, 포크송 가수라도 된 것 같았다. 또한, 도립국악원에서 장구를 치며 민요를 배웠다. 국악원에서도 연말 발표회 때 낭자머리에 무대화장을 하고 한복을 곱게 입고 무대에 올랐다. 부채로 발림까지 멋지게 하여 박수갈채를 받았다. 이제껏 하지 않던 새로운 삶에 도전한다는 것은 가슴 설레는 일이다.

기회가 되는 대로 웃음강의로 봉사도 하려고 자원봉사센터에 연

락하여 군경유가족을 대상으로 강의를 하였다. 사람들이 박장대소하며 웃는 모습을 보니 기분이 흐뭇하였다. 도청과 교육청에서도 웃음강의 요청이 왔다. 다람쥐 쳇바퀴 도는 일상에서 탈피하여 나의 강의를 들으며 손뼉을 치고 신 나게 웃어대는 그들을 보니, 나도 덩달아 기분이 좋아졌다. 기회가 있을 때마다 웃음을 전하다 보니 내가 마치 사람들에게 웃음보따리를 선물하는 행복 전도사라도 된 듯하였다. 또 다른 재미는 국립박물관에서 실시하는 해설이 있는 여행을 한 달에 한 번씩 하는 것이다. 우리나라의 아름다운 자연과 문화유산을 두루 둘러보며 견문을 넓히다 보면 문화유산답사기라도 써야 되지 않을까 싶다.

하고 싶었던 일들을 현실로 옮겨 생활하다 보니 직장에 다닐 때보다 더 바쁜 나날이다. 낮에는 여기저기 배우러 다니고 밤에는 체험한 일을 틈틈이 글로 쓰다 보면 자정이 가까워 온다. 오죽하면 남편이

"당신이 은퇴하면 대접받을 줄 알았더니 하는 일이 너무 많아 오히려 내가 도와줄 수밖에 없네."

하며 어이없는 웃음을 지었다. 남편에게는 다소 미안한 마음도 있으나, 꿈속에나 그리던 일을 할 수 있으니 신명이 절로 나는 하루하루다. 얼마 전 방영된 〈생로병사의 비밀〉에서 젊게 사는 노인들의 첫 번째 비결이 새로운 일에 도전하는 것이라고 했다. 이렇게 자꾸 새로운 일에 도전하다 어린애가 되는 것은 아닐까. 정신연령은 언

제나 청춘이니 말이다.

앞으로 나에게 주어진 시간은, 자신을 갈고 닦아 빛나는 제2의 인생을 창조하라고 준 선물이라고 생각한다. 천천히 가는 것이 두려운 것이 아니라 아무것도 하지 않고 지내는 하루를 두렵게 생각해야 한다. 이제는 은빛 나래를 펴고 내가 정말 하고 싶은 일을 찾아 훨훨 날고 싶다.

(2012. 4.)

늪 위의 왕궁

여름궁전에 도착하자 우리를 환영하듯 차이콥스키 피아노 협주곡 1번이 장엄하게 흘러나왔다. 곧이어 분수가 하늘 높이 치솟았다. 사자의 입에서는 물줄기가 폭포처럼 뿜어져 나왔다. 계단 양옆으로 줄지어 있는 분수에서도 물보라가 치솟았다. 하얗게 부서져 나오는 분수, 계단식 폭포수와 클래식음악과의 환상적인 조화는 가슴을 뛰게 하는 감동이었다.

정원분수의 중심에는 삼손이 사자의 입을 찢고 있는 황금조각상이 햇빛에 반짝거렸다. 저 멀리 보이는 바닷가까지 그리스, 로마 신화에 나오는 260개 멋진 조각상이 이어져 있고, 물줄기를 내뿜는 수많은 분수는 발레리나가 춤추듯 허공에서 음악에 맞추어 물보라를 흩날렸다. 각양각색의 세계인이 황홀한 눈빛으로 분수의 향연을 바라보며 사진 찍기에 여념이 없었다. 나도 멋진 분수의 공연을 동영상으로 찍다 보니 어느덧 바닷가에 이르렀다.

정원 분수로 유명한 페테르부르크 궁전은 표트르대제가 스웨덴과의 전쟁에서 승리한 것을 기념하기 위해, 핀란드만이 보이는 이곳에 세운 여름궁전이다. 당시 러시아는 유럽과 통할 수 있는 항구가 없어서 표트르대제가 발트 해를 차지하기 위해 전쟁을 일으켰다고 한다. 1709년 폴타바전투에서 강적 스웨덴을 무찌르고 러시아는 승리를 거두었다. 이 전쟁으로 러시아는 핀란드만을 차지하여, 유럽과 자유롭게 교역을 시작하면서 역사의 흐름을 바꿔놓았다. 당시 유럽의 강국이었던 스웨덴은 쇠퇴하고, 제정러시아가 강대국이 되는 분수령이 되었다고 했다.

분수의 감동을 가슴에 안고 친구들과 자작나무 숲길을 따라 해안가를 걸었다. 바닷가에 소풍 나온 금발의 외국인 가족이 풀밭에서 우리를 보고 미소 지었다. 우리가 웃으며 사진을 찍자하니 그들도 즐거운 표정으로 포즈를 취했다. 여행하는 사람들은 마음이 열려 있어서인지 금방 어우러지며 친근해지는 것 같다.

분수 정원의 아름다움을 뒤로하고 세계 삼대 박물관 중 하나로 명성이 높은 에르미타쥐 국립박물관을 찾았다. 이곳에는 에까쩨리나 2세 여제가 유럽으로부터 회화 수백 개를 들여온 것을 계기로, 현재 삼백만 점에 가까운 미술품이 전시되어 있다고 한다. 렘브란

트, 고갱, 마티스 등의 세계적인 명화와 조각, 그리고 황실의 유물들이 전시되어 있었다. 이 박물관도 표트르피터 대제가 지은 겨울 궁전이었다. 황제가 집무하면서 주로 거처하던 왕실이라고 했다. 버스를 타고 이동할 때마다 현지가이드가 페테르부르크 역사를 열정적으로 말해주었다. 다음은 어떤 이야기가 나올까? 기대하면서 드라마처럼 러시아 역사 속에 빠져들었다.

상트페테르부르크는 원래 늪지대였다. 강적 스웨덴을 물리친 러시아는 유럽과 통할 수 있는 현관이 필요했다. 새로운 문으로 네바강 하구가 정해지고 표트르황제의 철저한 계획 아래 도시가 건설되었다고 한다. 그 당시 러시아는 서유럽의 문예부흥으로부터 단절되고 동양적 절대주의와 낙후된 제도만이 남아 있었다고 한다. 어린 시절 표트르대제는 형 이반과 함께 공동 차르(왕)가 되었다. 그러나 이복누나의 섭정으로 청년이 될 때까지 주로 궁 밖에서 외국인들과 생활하며 발달한 서구 문명에 눈을 떠 여러 가지 기술과 학문을 익혔다고 한다. 청년이 되어 허약한 형은 죽고 누나는 수도원으로 보낸 뒤에 표트르 피터가 왕의 자리에 올랐다. 황제가 된 그는 미개한 조국의 모습을 탈바꿈하기 위해, 서양기술과 제도를 들여와 러시아를 유럽처럼 만들어 보려는 원대한 꿈을 갖게 된다. 젊은 황제의 열정은 서유럽에 러시아 청년 수백 명을 이끌고 사절단으로 갔다. 수학과 기하학을 배우고, 대포 조작과 선박제조 등 여러 기술을 익히고 돌아왔다.

유럽에서 견문을 넓히고 돌아온 표트르대제는 페테르부르크를 유럽 같은 도시로 만들기 위해 엄청난 인력을 동원하였다. 황량한 늪과 갯벌에 축대를 쌓아 지반을 다지고 물을 빼내 호수를 만들며 새로운 땅을 만들었다. 수많은 섬과 섬 사이를 다리로 연결하여 육지처럼 왕래가 편리하도록 하였다. 이때 필요한 많은 돌은 네바강을 지나는 배들에게서 짐의 무게만큼의 돌을 세금으로 받아 공사를 했다 하니 기발한 아이디어가 아닐 수 없다. 이 공사는 1703년에 시작하여 십 년 세월을 소요하면서, 기록적인 노동자 5만 명을 희생하고 나서야 아름다운 도시로 탄생할 수 있었다고 한다.

드디어 도시의 모습을 갖추게 되자 1712년 표트르 1세는 모스크바에서 이곳으로 수도를 옮기고 자신의 이름을 따서 페테르부르크(Peterburg)라 불렀다. 유럽의 열린 창 역할을 하게 된 새로운 이 도시는 막강한 힘을 가진 제정러시아의 수도로서 이십 세기 초까지 이백여 년간 번성을 누리며 유럽에서 새로운 강국으로 떠올랐다.

표트르 대제는 통치기간 40여 년 중 평화롭게 지낸 것은 불과 이 년 정도에 불과하고 나머지는 전쟁과 수도 페테르부르크를 짓는 데 세월을 보냈다고 한다. 개인의 행복은 밀어두고 거대한 도시를 세워 자기 나라를 부강하게 만든 그는, 역사에 한 획을 그은 러시아의 영웅이었다. 한 사람의 꿈과 열정에 의해 만들어낸 도시가 건축적인 면에서 유럽에서 가장 수려하고 조화로운 도시로 세계문화유산으로 등록되었다. 늪지대가 오늘날 세계의 관광객이 끊이지 않는 아름다운 도시가 될 줄이야 그 누가 짐작이나 하였을까. 위대한 지도자는 미래를 내다보고 세상을 바꾼다는 생각이 들었다.

저녁에 서늘한 바람을 맞으며 네바 강 주변을 배를 타고 둘러보았다. 북극에 가까운 이 도시는 해가 지지 않는 백야 현상으로 밤에도 훤해서 주변 경관이 잘 보였다. 강 한쪽으로 조금 전 미술품을 보았던 에르미타쥐 박물관이 나타났다. 겨울궁전은 담록색 벽에 하얀 기둥이 잘 어울리는 로로코양식의 어마어마한 규모의 외관을 자랑하며 물 위에 떠 있었다. 건너편 강가에는 페트로파블로프스크요새 탑이 하늘을 찌를 듯이 솟아 있었다. 스웨덴 전쟁 승리의 발판이 된 요새답게 높은 첨탑의 황금빛이 멀리서도 반짝거렸다.

강 양쪽으로 궁전과 성당, 저택 등 수많은 건축물이 넘실거리며 다가왔다. 석양빛에 비친 운하와 건축물의 환상적인 조화를 이룬 아름다움에 취해 우리는 콧노래가 흘러나왔다. 네바 강둑에 젊은 연인이 손잡고 있는 모습이 노을빛에 평화롭게 보였다. 페테르부르크는 뭐라고 말로 표현할 수 없는 신비로움으로 여행객을 사로잡는 매력적인 도시였다.

'달도 차면 기우나니'라는 말처럼 막강한 나라 제정 러시아는 레닌의 볼셰비키 혁명으로 역사 속으로 사라져갔다. 하지만 페테르부르크의 문화유적과 표트르 피터 대제의 도시 건설 신화는 오래도록 사람들에게 기억되리라.

(2011. 08.)

|작|품|해|설|

知性 · 感性 · 熱情으로 버무려진 도전적인 수필가

- 박일천 첫 수필집 ≪바다에 물든 태양≫ 출간에 부쳐

김학(수필가, 전북대학교 평생교육원 수필창작 전담교수)

1. 박일천과 수필의 만남

박일천은 모든 방면에 끼가 넘치고 열정이 많은 여성이다. 교직에 종사하면서도 늘 새로운 것을 꿈꾸었고, 남몰래 새로운 일에 도전하면서 살았다. 야간에 대학교 평생교육원에 나가 웃음치료사 자격증을 땄고, 사이버대학에서 사회복지사 자격증도 땄다. 퇴직 후에는 기타를 배우며 동아리 활동을 하고 또한, 여고동창생들과 더불어 시낭송지도사 자격증을 받고 '맑은 샘' 동아리를 만들어 봉사활동도 하려고 한다. 나이는 아랑곳하지 않고 늘 새로운 배움에 빠져 하루하루를 즐겁게 보낸다. 팔방미인 박일천의 활동 범위가 앞으로 어디까지 더 확장될지 두고 볼 일이다 박일천은 전주 토박이다. 1953년 8월 12일, 전주시 노송동에서 아버지 밀양박씨 성춘과 어머니 원주원씨 문정 사이 딸 자매 중 둘째로 태어났다. 네 살 때 아버지를 여의고 여장부 같은 어머니 슬하에서 자랐다. 전주풍남초등학교와 전주여중, 전주여상을 거쳐 전주교육대학을 졸업하고, 초등학교 교사가 되었다.

1977년 3월, 전주교육대학 졸업과 동시에 무주적상초등학교 교사로 발령을 받았다. 꿈 많은 처녀 선생 박일천은 낯설고 물선 산골 초등학교에서 총각 교사인 오연호를 만나 2년간의 교제 후에 1979년 10월에 결혼하였다.

남편 오연호는 익산시 은기동 출신이다. 오연호는 교육자인 아버지 장흥오씨 석후와 어머니 진주소씨 임순의 장남으로 태어났다.

박일천 오연호 부부는 슬하에 금싸라기 같은 아들 오상협과 딸 오현정 남매를 두었다. 지금 아들은 현대모비스 사원으로, 딸은 고등학교 국어교사로 근무 중이다. 아들딸도 이미 결혼하여 지금은 친손녀 한 명과 외손자 한 명 등 두 명의 손주를 두었다. 박일천의 남편 오연호는 장학관을 거쳐 현재 일선학교 교장으로 재직하고 있다.

박일천은 34년의 교직생활을 마감했다. 박일천은 정년퇴직을 5년 앞두고 스스로 명예퇴직을 했다. 누구나 쉽사리 하기 어려운 결단이다. 그러나 박일천은 명예퇴직을 한 뒤 평소 해보고 싶었던 일들을 하나하나 하면서 자유롭고 행복하게 살아가고 있다. 꿈과 호기심이 많은 박일천은 늘 새로운 도전을 즐긴다. 특히 여행을 좋아하는 박일천의 오랜 꿈은 세계 일주였다.

2013년 7월 폭염이 삼천리금수강산을 뜨겁게 달구던 여름, 그 더위에도 아랑곳없이 무거운 여행 가방을 들고 아프리카에 다녀왔다. 아프리카 여행으로 드디어 여행가 박일천은 6대주를 다 둘러본 셈이다. 그녀는 앞으로도 건강이 허락하는 날까지 세계여행을 계속할 것이라고 한다. 여행을 좋아하는 박일천은 지구촌을 누비며 여행기를 써보고 싶은 욕심이 생겼을 것이다. 세계 여러 나라에 다니면서 여행기를 쓰고 싶다는 생각을 어찌 하지 않았겠는가?

박일천은 어려서부터 책읽기를 좋아했고, 감성이 풍부했다. 그러니 글쓰기는 그녀의 적성에 딱 맞는 일이다. 박일천은 2011년 3월부터 전북대학교 평생교육원 수필창작과정 수요반에 등록하여 수필과 인연을 맺고 열심히 습작을 했다. 한 편 두 편 수필을 쓰다 보니 그녀는 수필에 흠뻑 빠져들게 되었다. 드디어 박일천은 2012년 종합문예지 ≪대한문학≫ 여름호에서 〈우리의 자화상〉, 〈작은 요정들〉 등 두 편의 수필로 수필 부문 신인상을 수상하여 당당히 수필가로 등단하게 되었다.

여행을 좋아하는 수필가 박일천, 그녀의 가슴과 두뇌 속에는 무궁무진한 수필의 글감이 들어 있을 것이다. 우리나라에 남녀 수필가들이 많지만 6대주를 다 둘러본 수필가는 몇이나 될 것인가?

수필가 박일천, 그녀 자신이 무한한 수필의 보고寶庫인 셈이다. 앞으로 그녀가 어떤 수필을 빚느냐에 따라 우리 수필문단의 수준이

달라지리라 믿는다. 수필가 박일천, 그녀는 웃음치료사답게 분위기를 즐겁고 부드럽게 만들 줄 안다. 친화력도 좋다. 그녀가 있는 곳엔 언제나 웃음이 넘친다. 웃음소리는 최고의 음악이라 하지 않던가? 웃을 때마다 뇌에서 엔도르핀이 나와서 행복감을 맛보게 된다고 했다.

수필가 박일천, 그녀가 있는 곳엔 늘 웃음이 충만하니 분위기가 살아나기 마련이다. 그녀의 수필 속에도 계란의 노른자위처럼 웃음이 담겨 있어서 독자를 즐겁게 해 주리라 믿는다. 포복졸도할 웃음을 웃는 것은 내장이 조깅하는 효과를 가져 온다니 누구나 웃음을 껴안고 살아갈 일이다.

이쯤에서 박일천 수필가의 수필 속으로 들어가 보자.

2. 박일천 수필의 알파와 오메가

수필가 박일천의 첫 수필집 ≪바다에 물든 태양≫에는 54편의 수필이 6부로 나누어 게재되어 있다. 수필집에 게재된 목차 하나하나를 살펴보아도 독자의 시선을 끌 만한 작품들이 많다. 재치가 넘치는 작가임을 반증해 준다.

영국 시인 윌리엄 블레이크는, 수필가는 세상에 존재한 기상천외한 것들을 찾아서 노래하는 최초의 발견자이지만 일상 속의 평범한 것들도 곧이곧대로 노래하지 않고 뒤집고 부풀리고 변개變改해서 더더욱 새롭게 노래하는 사람이라고 했다. 마치 수필가 박일천을 두고 하는 말 같다.

*빗치개

화자는 안성맞춤박물관에 들러 방짜유기로 만든 물건들을 둘러보다가 빗치개에 눈길이 머문다. 그 빗치개는 옛날 여인들이 쪽 진 머리에 가르마를 탈 때 사용하던 유기로 만든 장신구다. 낭자머리를 하신 화자의 어머니가 늘 사용하던 것이기에 화자가 그 빗치개를 보고 어머니를 떠올리는 것은 당연한 일이다. 더구나 화자가 중학교에 들어가면서 단발머리로 바꿀 때까지 어머니가 자신의 머리를 빗겨줄 때마다 그 빗치개를 사용했으니 돌아가신 어머니를 만난 듯 더 정겨웠을 것이다. 화자는 집에 돌아와 어머니의 유품 속에서 어머니가 쓰시던 그 빗치개를 찾아들고 긴 추억에 잠긴다.

어머니의 얼룩이 묻어나는 빗치개를 공들여 닦아보았다. 얼룩을 닦아낸 빗치개는 금빛으로 빛났다. 반짝이는 빗치개 속에서 어머니가 환하게 미소를 짓는다. 한복에 단아한 쪽 진 머리를 한 어머니가 아름답게 반짝이고 있었다. 이제는 돌아올 길 없는 어머니를 그리며 손때 묻은 빗치개를 손에 꼭 쥐어본다.

— 〈빗치개〉 결미

아는 만큼 보이는 법이다. 그러니 모르면 보이지 않는 게 당연하다. 수필가의 눈은 더욱 그렇다. 수필가는 육안肉眼으로만 보지 말고 마음의 눈心眼으로 볼 줄 알아야 좋은 글감을 만날 수 있다. 우주 만물이 다 수필의 소재라는데 수필가 박일천의 눈에 띈 제비꽃 역시 어찌 그녀의 글감이 되지 않으랴.

*제비꽃 화관을 쓴 그녀

수필가 박일천이 건지산 산책을 나섰다가 대하소설 ≪혼불≫의 작가 최명희의 무덤에서 제비꽃을 발견한 게 화소話素가 되고 있다. 그 무덤 주변에는 소설에 나오는 문장을 몇 군데 화강암에 새겨놓았다. 그 소설을 읽지 못한 사람들도 그 글귀를 읽으며 최명희 소설가의 마음을 새길 수 있게 해 놓은 것이다.

> '언어는 정신의 지문이고 모국어는 모국의 혼입니다. 저는 ≪혼불≫에다 진정한 혼불 같은 알맹이를 담고 있는 말의 씨를 심고 싶었습니다. 그래서 우리의 얼과 넋이 무늬로 피어나는 그런 글을 쓰고 싶었습니다.'

이 얼마나 멋진 말인가! 우리가 글을 쓸 때의 마음가짐을 일깨워주는 말이다. 그냥 생각나는 대로 쓰는 문장이 아니라, 우리의 얼을 담아 글을 쓰라는 최명희 작가의 신념이 담긴 말이다. 이 문구를 읽을 때마다 그녀가 얼마나 모국어를 사랑하고 정성을 다해 다듬은 아름다운 우리말로 대하소설 ≪혼불≫을 썼는지 미루어 짐작할 수 있다. 맑고 고운 문장을 만들어내느라 잠 못 이룬 밤은 그 얼마나 많았을까? 작가는 ≪혼불≫에 우리 민족의 정신을 담아내느라고 17년이라는 긴 세월 동안 작품을 썼다.

— 〈제비꽃 화관을 쓴 그녀〉 중에서

17년 동안 이 소설을 쓰고서 병을 얻어 1997년 대하소설 ≪혼불≫을 출간한 이듬해 최명희 소설가가 세상을 뜨고 말았다는 사실을 화자는 몹시 안타까워하고 있다. 수필가 박일천은 최명희 작가의 무덤에서 화관을 쓴 제비꽃을 발견했는데 그 제비꽃이 마치 최명희 작가의 환영처럼 보였다고 회고한다. 화자는 그 무덤 주변의 망초를 뽑으며 최명희 작가를 회상한다. 화자는 그 아름다운 마음을 이 수필의 결미에 담아놓았다.

봄빛 속에 자줏빛 꽃을 화사하게 둘러쓴 그녀. 살아서는 아름다운 글로 세인들의 박수 속에 면류관을 쓰고, 죽어서는 머리 위에 제비꽃 화관을 쓴 그녀는 분명 이승과 저승에서 두루 찬사를 받는 금세기 최고의 작가인 듯하다.

— 〈제비꽃 화관을 쓴 그녀〉 결미

*마음을 여는 웃음

웃음치료사 박일천 수필가, 그녀가 웃음이란 소재를 수필로 끌어들이지 않을 수 없을 것이다. 그래서 박일천 수필가의 수필 소재는 무척이나 다채롭다.

> 웃음은 마음 치유제다. 내가 웃음강의를 할 때 무표정한 강연장의 대중들이 번득이는 유머 한 마디로 웃음바다가 되는 것은 실로 놀라운 일이다. 사람들의 닫힌 마음을 열어 기쁨으로 춤추게 하니 웃음은 대단한 마력이 아닐 수가 없다. 아무리 삶이 고달파도 웃는 순간만은 현실을 초월하여 행복해지므로 모두 웃음을 좋아하나 보다. 사는 동안 나는 사람들과 웃음을 나누고 싶다. 잠깐이라도 힘든 이들의 그늘진 마음에 활기를 주는 웃음 바이러스가 되었으면 한다.
>
> – 〈마음을 여는 웃음〉 결미

어려서부터 잘 웃었던 화자는 웃음치료사 자격까지 얻었으니 지금은 웃음 전문가요 웃음 전도사의 반열에 오른 셈이다. 웃음은 사람만 누릴 수 있는 아름다운 표현이다. 웃으면 복이 온다거나, 일소일소 일로일로一笑一少 一怒一老라는 말의 뜻을 새겨 보더라도 웃음이 사람에게 얼마나 소중한 것인지 알 수 있다. 사람은 누구나 웃으며 살아갈 일이다.

집에서 가장家長이 웃으면 집안이 화목해질 것이고, 직장의 장長

이 웃으면 그 직장이 평안해질 것이다. 억지로라도 웃으면 정말인 줄 알고 뇌는 엔도르핀을 내보내 우리를 기분 좋게 한단다. 소소한 일에도 자주 웃다 보면, 저절로 내면에서 기쁨이 흘러나와 일상이 즐거워질 것이다. 화장실에 갈 때마다 거울을 보며 웃음을 연습해 볼 일이려니 싶다.

*꽃가마 타고 시집가던 날

수필은 인간의 삶의 발견이자 표현의 문학이다. 비록 평범한 소재일지라도 수필가의 개성적인 시각으로 바라보고 새롭게 해석하여 의미화해야 좋은 수필로 태어나게 된다. 그래야 본격수필 대접을 받을 수 있다.

> 오늘은 시부모님 결혼 육십 주년 혼례식을 하는 날, 부모님의 아름다운 동행 60년 해로에 친지들이 모여 축하하고 즐기는 축제 날이다. 오 남매의 큰며느리이기에 한 올 한 올 수를 놓아 오늘 잔치마당에서 회혼례回婚禮를 펼쳤다.
>
> – 〈꽃가마 타고 시집가던 날〉 중에서

부모가 결혼 60주년 회혼례를 맞는다는 것은 예삿일이 아니다. 아무나 그런 행복을 누릴 수 있는 일이 아니기 때문이다. 더구나 화자의 시부모가 3내째 회혼례리니 디복한 장수長壽 집안이 아닐 수 없다. 80대 노부모를 시집 장가가는 새신랑 새신부처럼 화장을 시키고 예복을 입혀 결혼식을 올리는 회혼례는 당사자뿐만 아니라 모든 자녀들의 축복이요 모든 하객들에게 부러운 일일 것이다. 그 멋진 행사가 한 편의 수필로 꾸며졌다.

*그곳에 가고 싶다

수필은 체험과 사색의 기록이다. 체험이 다양하면 수필의 글감 역시 다채로워질 것이다. 그러나 직접 체험에는 한계가 있게 마련이다. 그러니 독서 등 간접 체험까지 동원해야 좋은 수필을 빚을 수 있을 것이다. 수필은 교회 없는 종교요 논리 없는 철학이라고 하지 않았던가?

이 작품은 버스가 하루에 두 번 다니는 무주군의 첩첩산골에서 보낸 신혼생활을 소재로 다룬 작품이다. 주말이면 어린 자녀들과 함께 들로 산으로 냇가로 쏘다니며 나물을 뜯고 가재, 다슬기를 잡는 등 무공해 전원생활을 누리며 행복의 탑을 쌓던 시절의 이야기다. 그야말로 동화 같은 신혼 시절의 회고담이다. 산골의 봄 · 여름 · 가을 · 겨울, 네 계절의 생활이 동화보다 더 동화처럼 실감나게 펼쳐진다.

눈이 펑펑 내려 온 세상이 하얀 눈으로 덮여 버스마저 며칠째 끊긴 어느 날, 바스락거리는 소리에 놀라 장롱 구석을 뒤지니 두 눈이 새까만 족제비가 웅크리고 있었다. 온 식구가 깜짝 놀라서 이리 뛰고 저리 뛰며 난리 법석을 치른 뒤 겨우 몰아냈다. 아마도 산속에서 먹이를 찾아 마을로 내려왔나 보다. 우리는 그렇게 동식물을 벗 삼아 삼 년 동안 아름다운 산골에서 동화처럼 살았다. 우리 가족에게 세속을 떠나 티 없이 해맑은 추억을 안겨준 그곳에 가고 싶다.

– 〈그곳에 가고 싶다〉 결미

*꿈과 한을 품은 ≪태백산맥≫

전남 벌교는 소설가 조정래가 대하소설 ≪태백산맥≫을 집필한 곳이다. 작가 조정래는 이 소설을 준비하는 4년 동안 무려 지리산을 열 번이나 오르며 곳곳을 답사했다고 한다.

≪태백산맥≫ 이야기는 여순사건이 있었던 1948년 가을, 벌교 포구에서 시작되어 빨치산 토벌작전이 끝나가던 1953년 늦가을까지, 한국 근대사를 객관적으로 투시하는 대형 서사문학이다. 주인공 60여 명을 등장시켜 그들의 사상과 여러 종류의 인간상을 그려냈다. 분단된 민족의 고뇌와 서로 다른 이념을 융화시키면서 인간 본연의 적나라한 모습을 생동감 넘치게 구사하여 뜨거운 감동을 주는 작품이다.

– 〈꿈과 한을 품은 ≪태백산맥≫〉 중에서

어느 날 문득 남편과 함께 벌교를 찾은 수필가 박일천은 태백산맥문학관을 둘러보고 소설에 나오는 '무당 소화네 집', '현 부자네 고가', '중도방죽', '고래 등 같은 김범우의 집', '소화다리' 등 ≪태백산맥≫의 주요무대를 답사하며 이념대립의 비극을 상상하는 화자의 모습이 독자들에게는 영화의 한 장면처럼 떠오를 것이다. 대하소설 ≪태백산맥≫을 독파한 화자는 다리가 아프도록 벌교를 거닐다가 꼬막정식으로 점심을 먹으면서도 소설 속의 장면 장면을 그리며 온갖 연상을 다했으리라. 수필가 박일천은 민중의 꿈과 아픔을 씨줄과 날줄로 엮어 민족의 한을 치유하고자 한 ≪태백산맥≫에서 작가 조정래와 함께 통일의 꿈을 꾸었을 것이다.

*흔들리지 않는 뿌리

수필이란 무엇인가? 일본의 평론가 사카니 시시호는 '그 사람이 아니면 못 쓰는 글'이라 했다. 수필가 박일천이 아니면 못 쓰는 글은 무엇일까? 역사의 동굴 속에서 글감을 찾아 수필을 빚는 일이 수필가 박일천의 몫일지도 모른다.

> 수로왕 왕릉이 있는 김해로 문화탐방을 가서 김춘추가 삼국을 통일했다는 문화해설사의 설명을 듣고 돌아오는 버스 안에서 예절원 원장이 해박한 역사지식을 들려 주었다.
>
> 신라가 외세인 당나라를 끌어들여 백제와 고구려를 멸망시킨 것

은 오히려 고구려의 넓은 영토를 당나라에 내주고 중국을 섬기는 사대주의의 시작이었습니다.

– 〈흔들리지 않는 뿌리〉 중에서

화자는 귀가한 뒤 2,300여 년 전 공자의 7대손 공빈孔斌이 고대 한국에 대한 이야기를 모아 쓴 역사서 ≪동이열전≫을 조사해 보았다고 한다.

> 동방에 오래된 나라가 있었는데 동이東夷라 한다. 훌륭하신 분인 단군이 계셨는데 구이(九夷 : 동이의 아홉 나라)의 추대를 받아 임금이 되셨다. 요임금 때의 일이다. 순임금은 동이에서 태어나 중국으로 와서, 요임금의 뒤를 이어 천자가 되어 지극한 정치를 하였다. 동이는 나라가 크지만 남의 나라를 업신여기지 않았고, 그 나라의 군대는 강했지만 다른 나라를 침범하지 않았다. 풍속이 순후해서 길을 가는 이들이 서로 양보하고, 음식을 먹는 이들이 먹는 것을 서로 양보하였다. 남자와 여자가 따로 거처해 함부로 섞이지 않으니 가히 '동방예의군자국'이라 할 수 있다. 나의 할아버지 공자께서 동이에 가서 살고 싶어하셨다. 나도 역시 동이에 가서 살고 싶다.
>
> – 〈흔들리지 않는 뿌리〉 중에서

반만년으로 줄어든 우리나라의 역사가 9천 년으로 복원된 느낌이 드는 역사의 증언이다. 한민족韓民族 9천 년 역사의 국통맥國統脈을 바로 세우는 ≪환단고기桓檀古記≫를 압축해 놓은 것 같은 역사의 기록이다. 역사를 깊이 파고 들어가면 민족적 자긍심을 느끼지 않을 수 없다. 이러한 역사의식이 온 겨레의 마음속에서 자랐으면 좋겠다.

*머무르고 싶은 그곳

여행을 좋아하는 박일천 수필가 여행기 한 편을 감상해 보자. 러시아 상트페테르부르크에서 고속열차를 타고 3시간 만에 핀란드 수도 헬싱키에 도착한 여정의 기행수필이다. 3시간이면 고속버스로 전주에서 서울까지 가는 시간이다. 화자는 낮에 느긋한 기분으로 헬싱키를 둘러보고 땅거미 질 무렵 핀란드 투르크항에서 배를 타고 스웨덴의 수도 스톡홀름으로 떠난다.

> 스웨덴은 현재 입헌군주국으로 멀리 보이는 왕궁에는 왕이 살고 있다고 했다. 왕이 직접 경운기를 몰고 농장을 경작하는 서민적인 군주라 국민이 좋아한단다. 국회의원들은 보좌관도 없이 혼자 운전하고 동분서주하며 국민을 대변하여 봉사하는 마음으로 국회 일을 한다고 했다. 누리는 것이 많은 우리나라 국회의원들과는 대조적이었다. 한참을 걸어서 시청사로 갔다. 1,900만 개의 금도금 모자이크로 꾸며진 황금방은 해마다 노벨상 시상식이 거행되는 곳이다. 말 그대로 금으로 도배한 황금방은 스웨덴의 국력을 과시하고 있다. 아래층으로 내려가 노벨상 시상 후 만찬장인 푸른 방으로 들어갔다. 해마다 뉴스 화면으로 본 노벨상을 탄 세계의 석학들이 만찬을 즐기

며 담소하는 장소에 직접 들르니 감회가 새로웠다. 우리나라 문인도 언젠가는 이 자리에서 노벨문학상을 받을 때가 오리라.

– 〈머무르고 싶은 그곳〉 중에서

스웨덴은 요람에서 무덤까지 세계에서 복지가 가장 잘된 나라다. 아이가 태어나면 육아비가 나오고 대학까지 무료로 공부할 수 있으며, 은퇴하면 연금이 나오는 나라다. 이런 복지천국을 둘러보니 어찌 우리나라와 비교가 되지 않으랴?

6대주를 누비고 다닌 수필가 박일천은 우물 안 개구리를 벗어나 그만큼 견문見聞을 넓혔으니 앞으로의 활동에 기대가 크다.

3. 수필가 박일천의 내일을 위하여

수필가 박일천은 무한한 가능성을 지니고 있다. 폭넓은 활동으로 지명도를 높이는 것도 좋지만 냉철하게 선별하여 자신의 적성에 맞는 분야를 골라 더욱 정진하여 일가一家를 이루도록 하는 것이 바람직하려니 싶다. 능력의 분산보다는 집중이 효과적이기 때문이다. 시간은 잠시도 머뭇거리지 않고 언제나 똑같은 보폭으로 달린다. 그 시간을 선용善用하여 훌륭한 수필가가 되기를 바란다.

꽃의 향기는 십 리를 가고 말의 향기는 백 리를 가지만 베풂의 향기는 만 리를 간다지 않던가? 그게 바로 수필가의 마음이려니 싶다. 이순耳順의 고개를 넘겼으니 세상만사를 바라보는 눈도 달라졌으리라 믿는다. 육안肉眼이 아니라 심안心眼으로 볼 줄 알아야 한다.

수필의 길은 멀다. 가도 가도 끝이 보이지 않는 멀고 먼 길이다. 그래도 꾸준히 가야 할 길이다. 그래도 중단 없이 가야 할 길임을 명심할 일이다. 더 정진하여 큰 수필가로 우뚝 설 수 있기를 바란다. 박일천 수필가의 첫 수필집 출간을 축하하며 문운창성文運昌盛을 빈다.

박일천 수필집

바다에 물든 태양

인 쇄 / 2013년 10월 14일
발 행 / 2013년 10월 17일

지 은 이 / 박 일 천
발 행 인 / 서 정 환
발 행 처 / 수필과비평사

출판등록 / 1984년 8월 17일 제28호
주 소 / 서울시 종로구 삼일대로 32길 36
(익선동 30-6 운현신화타워 빌딩) 301호
전 화 / (02) 3675-5633, (063) 275-4000
팩 스 / (063) 274-3131
E – mail / essay321@hanmail.net

값 12,000원

ISBN 979-11-5605-009-4 03810

이 도서의 국립중앙도서관 출판시도서목록(CIP)은 서지정보유통지원시스템 홈페이지(http://seoji.nl.go.kr)와 국가자료공동목록시스템(http://www.nl.go.kr/kolisnet)에서 이용하실 수 있습니다.(CIP제어번호: CIP2013020200)